PRE-STEP
04

プレステップ

マーケティング

〈第2版〉

丸山正博/著

弘文堂

この本で学んでいくこと

　この本では、私たちが普段何気なく買っている商品を取り上げながら、企業が売上や利益を増やすために行っているマーケティングについて理解していきます。そのためにこの本の構成は大きく3つに分けて成り立っています。

　まず1章から3章は、具体的なマーケティングのアイデアを考える前に必要な3つの確認事項について説明します。

　マーケティングではSTPといって、市場を細分化するセグメンテーション、主な顧客層を絞り込むターゲティング、自社のライバル会社との位置づけや会社内での位置づけといったポジショニングを明確にすることがとても重要です。

　そこで2章ではセグメンテーションとターゲティングについて、3章ではポジショニングについて学びます。これらは、具体的なマーケティングのアイデアを検討する際に前提となる現状分析や大きな方向性を確認する段階、言い換えると、個別の戦術を考える前の総合的な戦略を考える段階と言ってもよいでしょう。

　そして4章から8章までで、具体的なマーケティングのアイデアを説明します。まず商品開発やブランドといった製品（Product）施策については4章で、次いで、価格（Price）施策は5章で、売る場所に関する流通チャネル（Place）施策は6章で、そのほか消費者の購入意欲を刺激する販売促進（Promotion）施策については7章で学んでいきます。これらは英語の頭文字をとって4つのPとか4P施策ということもあります。また8章では1章から7章までの内容をまとめて確認するために、花王のヘルシア緑茶という商品を具体例にマーケティング戦略のSTPや、具体的なマーケティング施策である4つのPについて考えます。

　最後に9章から14章は応用編です。マーケティング活動を行う上でライバル企業や取引先の動向がどのような影響を与えるかについては9章で、顧客である消費者の購買行動については10章で、インターネット上で情報を仲介するデジタル・プラットフォームも含め市場が拡大しているeコマースについては11章で、そして形のある商品とは異なり、形のないサービスのマーケティングにはどのような特徴があるかについては12章で解説します。13章と14章では個々の企業が自社の営利だけを追求した場合の問題点という観点から、法律や政策によるマーケティング活動への規制やソーシャル・マーケティングについて解説します。

　それではこれから1つずつ、マーケティングの勉強を進めていきましょう。

　　2025年3月

　　　　　　　　　　　　　　　　　　　　　丸山正博

本書の使い方

● この章で学ぶこと	各章のはじめに、この章で学ぶ主なテーマを列挙します。
● 講義の前に ● 講義のあとで	マーケティングを学ぶヒトミさんとサトシくんが、みなさんの案内役をつとめてくれます。2人の会話を楽しみながら読み進めてください。
● 本　文	講義の部分です。各章の内容を初歩から1つずつ説明していきます。キーワードや重要なポイントについて多くの具体例にふれながら学んでいきましょう。
● さらなる読書のために	さらに詳しく学びたい人のために本を紹介しました。どれも興味深く読みやすく、書店や図書館で入手しやすい本ばかりです。
● 課　題	本文の内容をさらに詳しく勉強したい人のために、記述式や選択式問題、自由研究テーマに分けて課題を設けました。大学の定期試験や販売士・中小企業診断士などの資格試験の例題として、ゼミナールでの研究発表テーマの参考として利用してください。
● 流行モノのひみつ	マーケティングは日々新しい仕組みや考え方が登場する実践的な学問です。そこでこのコーナーでは本文では取り上げなかったけれど、知っていると新聞を読むときや就職活動の試験を受けるときに役立つような時事的なキーワードを集めてみました。
● 著者のつぶやき	日ごろマーケティングの講義をしている著者が日々感じていることを思いつくままに書いています。学問的なマーケティングの解説というわけではありませんので、気分転換に読んでみてください。
● 巻末　定期試験模擬問題	著者が実際に定期試験で出題したことのある問題を載せています。実力の確認にぜひ解いてみてください。

『プレステップマーケティング〈第2版〉』

● 目 次

第1章

売れる仕掛けのつくりかた

マーケティングとは何か？

この章で学ぶこと
- ☐ マーケティングとは何か
- ☐ 具体的なアイデアを考える前の戦略：STP
- ☐ 総合的な戦略を踏まえたうえでの具体的なアイデア：4つのP

サトシくん、久しぶり！　春休みのインターンシップはどうだった？

飲料メーカーに行ってきたんだ。でもさ、せっかくマーケティングの勉強をしているのにあまり関係なかったよ。

そうなの？　私はスナック菓子のメーカーに行ったんだけど、マーケティングのゼミに所属しているって言ったら、新商品の売上を増やす企画作りに加えてもらったの。

いいなぁ、まさにマーケティングの実践っていう感じだね。ぼくは、今まで取引のなかったドラッグストアに新商品を置いてもらうために、先輩社員と一緒に毎日外回りだったよ。なんかイメージが違うんだよな。

じゃぁ、サトシくんにとってマーケティングってどんなイメージ？

え〜っと、新商品を開発するためにアンケート調査をするとか、テレビコマーシャルにどのタレントを使うか考えるとか、かな。

マーケティングにはいろいろな企業活動が含まれていて、商品開発に先立つ事前調査やテレビ広告も、サトシくんが経験してきた取引先回りも、どれもマーケティング活動の1つなんだよ。ただ、具体的なマーケティング活動をいろいろ挙げる前に、考えておかなくちゃいけないことも多いんだ。

売上を増やすためには何をすればいい？

● コンビニエンスストアをのぞいてみると

私たちの毎日の生活にとってコンビニエンスストアは欠かせない存在です
ね。街のあちこちにあって、早朝でも深夜でも、年末年始でも開いていて、い
ろいろな商品が売られていてとても便利（コンビニエンス）ですから。コンビニ
エンスストアの売場の広さは、大体どこでも100〜200平方メートル程度であま
り広くはないのですが、食品・飲料から雑誌・文房具に至るまで約3,000品目の
商品が売られています。

ところで、どのお店も商売をしているわけなので、売上や利益を増やすこと
はとても大事なことです。

そこで、より多くの商品を買ってもらうために安売りをするお店もあるで
しょうし、接客サービスに力を入れて利益率の高い商品の売上拡大を目指すお
店もあるでしょう。あるいは大勢のお客さんに来てもらうために店舗面積を広
げて品揃えを増やすお店もあるでしょう。コンビニエンスストアの場合は、安
売りはあまりしないし、店舗面積は狭いわけですが、代わりに、「近所にある」、
「公共料金の支払いや宅配便の発送もできる」とか「いつでも開いている」とい
う利便性で勝負しているわけです。

● 何を売れば売上が増える？

もちろん、コンビニエンスストアが気にかけていることはそれだけではあり
ません。コンビニエンスストアやスーパーマーケットのように商品を消費者に
販売している小売業は、メーカーが製造した商品を仕入れて販売することが原
則です*。したがってどのメーカーからどのような商品を仕入れるかによって、
小売業の売上は大きく変わってくるはずです。

そこでコンビニエンスストアは、狭い売場を有効に活用して少しでも売上を
増やすために、よく売れる商品を並べることを心がけているのです。それは、
誰も知らない商品よりも人気のある商品を並べた方がお客さんに手にとっても
らえ、買ってもらえる可能性が高まるからです。

ここでは具体的な商品で考えてみましょう。

たとえばスナック菓子で人気の商品の1つに、カルビーというメーカーが製
造している「ポテトチップス」があります。この商品であれば知名度もあるし、
食べたことのある人も多いでしょうから、売場に陳列しておけば買ってもらえ
る可能性は高いはずです*。

*コンビニエンスストア間の
競争が激化しているので、他
チェーンと差別化するため
に、自社チェーンのみで販売
するオリジナル商品（プライ
ベートブランドということも
あります）の取り扱いも増え
ています。

*マーケティング業務に携わ
る社会人を主な読者とする
『日経MJ』という新聞では、
スーパーマーケットのPOS
システムで集計した販売デー
タに基づく新商品の売上ラン
キングを定期的に掲載してい
ますが、ここでもポテトチッ
プスの新商品がたびたびラン
クインしています。

著者の
つぶやき　私たちの生活に欠かせない「コンビニ」ですが、出店数増加による店舗間競争に加え、駐車違反取締りの厳格化
や深夜営業に対する批判、人手不足によるアルバイト確保の難しさなど逆風が強まってきています。

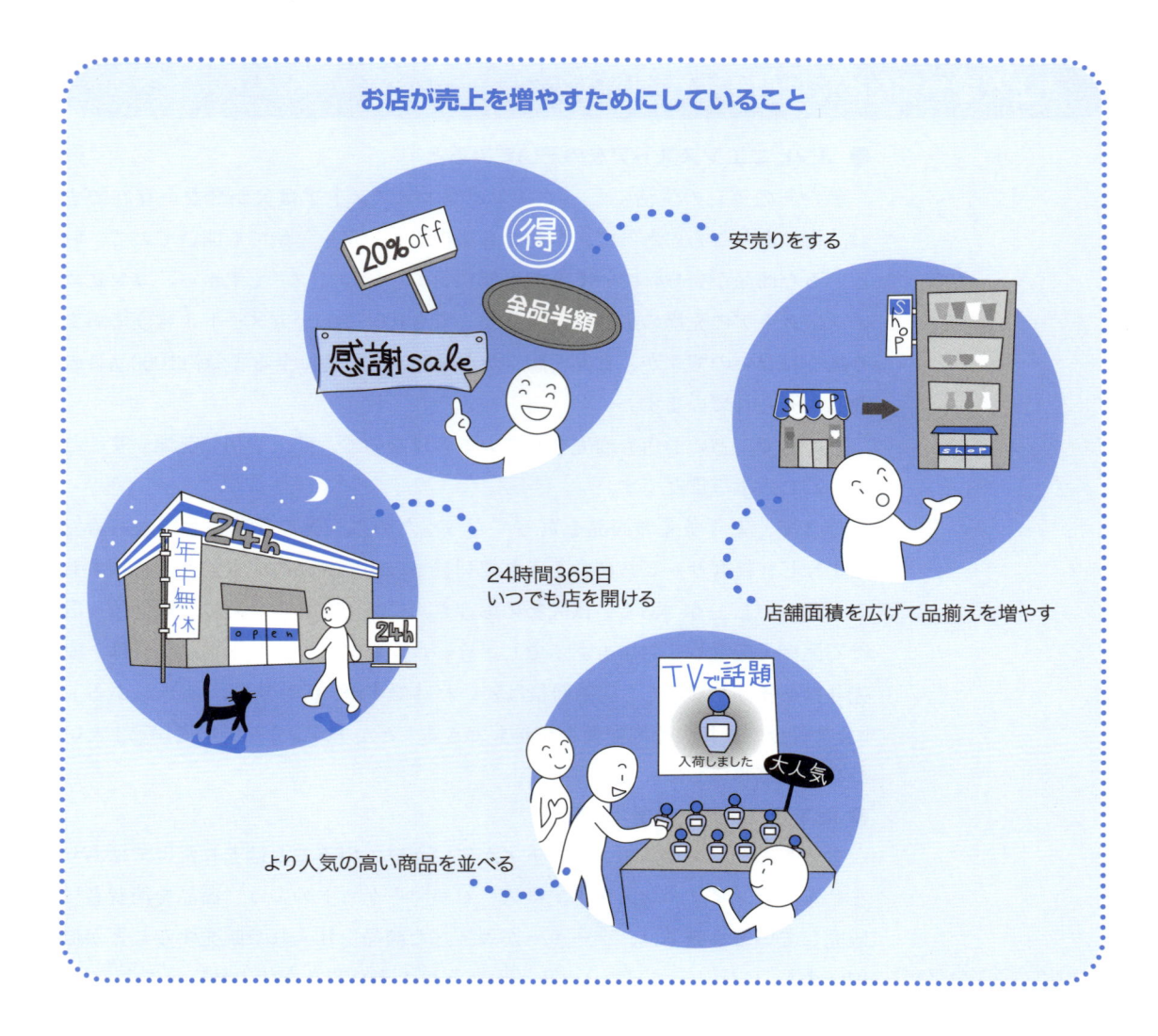

お店が売上を増やすためにしていること

- 安売りをする
- 店舗面積を広げて品揃えを増やす
- 24時間365日いつでも店を開ける
- より人気の高い商品を並べる

マーケティングとは何か？

● 売上を増やすために何をする？

　ところで、なぜカルビーのポテトチップスは人気商品なのでしょう？　スナック菓子は他のメーカーの商品もたくさん売られているのに、そういう多くのライバル商品よりもよく売れているのはなぜなのでしょうか？

　少し質問を変えてみましょう。あなたがある食品メーカーに勤めていると想像してください。そして上司の販売部長から「わが社が販売しているスナック菓子部門の売上を増やす方法を考えるように」という指示を受けたとします。このとき、あなたはどのような方法を思いつくでしょうか？

著者のつぶやき コンビニはじめ元旦から開いているお店も増えています。これはこれで便利なのですが、正月らしさが減ってしまう気がするし、そこで働く人たちの負担は、消費者の便利さの代償としては大きいような気がします。

食品メーカーが自分たちの商品の売上を増やすためにしていること

**商品に関する
アイデア**
● いろいろな味の商品の開発
● いろいろなサイズ

**価格に関する
アイデア**
● 低価格で販売
● あえて高価格で販売

**売る場所に関する
アイデア**
● 食品スーパー
● コンビニエンスストア
● 100円ショップ

**お客さんの購入意欲を
刺激するその他のアイデア**
● テレビコマーシャル
● 試食販売
● 大量陳列

● 売上・利益を増やすための仕組みづくり

　マーケティングとは何か。この明確な定義は研究機関や研究者によって多少の差があります。たとえばアメリカマーケティング協会という団体が2004年に改定した定義では、「マーケティングとは、顧客に対して価値を創造し伝達し流通させるための、そして組織とその利害関係者が便益を得られるような方法で顧客関係を管理するための、組織的機能であり一連の過程である」としていますし、その後2007年の改定では「マーケティングとは、顧客・依頼人・パートナーそして社会全体にとって価値のある提供物を、創造し伝達し流通し交換するための、活動・一連の制度・過程である」（ともに邦訳は筆者）と定義しています。

　どちらもやや難解な言い回しですが、「顧客に対して何らかの価値ある物を提供することで便益を得る」ということがキーワードとして浮かんできます。

　そこで本書ではわかりやすく、**マーケティングとは、会社が顧客ニーズに対応することで、自社の取り扱う商品の売上や利益を増やすための仕組みづくりである**、ということにしておきます。たとえば顧客がメリットを感じられるような、おいしい商品を開発する、低価格で販売する……。このようなアイデアがマーケティング活動の1つです。

　さて、ここで先ほどの質問に戻ってみます。上司から「売上増加策を出すように」という指示を受けたみなさんは、どのようなマーケティングのアイデアを考えればよいのでしょうか。

**著者の
つぶやき** カルビーの名前の由来を知っていますか？　カルシウムの「カル」とビタミンBの「ビー」から名づけているんです。健康のためにもなる商品をつくりたい、という企業の気持ちがあらわれているようです。

9

● 具体的なアイデアあれこれ

みそ味、バター味といろいろな商品を開発する。大袋や小袋などいろいろなサイズをつくる。これらは商品に関するアイデアで製品（Product）施策といいます。

低価格で販売する。逆に高品質の製品を高価格で販売する。このような価格に関するアイデアは価格（Price）施策です。

スーパーマーケットやコンビニエンスストアや100円ショップでも売ってもらう。インターネットで直接消費者に販売する。売る場所に関するアイデアも出てくるかもしれません。これらは流通チャネル（Place）施策とよばれます。

テレビコマーシャルを流す。店頭で試食してもらう。棚に大量に陳列して目立たせる。その他さまざまな形でお客さんの購入意欲を刺激するアイデアもありそうです。これらは販売促進（Promotion）施策とよばれます。

これらのアイデアを合わせて、頭文字をとって4つのPとか4P施策とよばれることがあります。

つまり新商品の開発のためにアンケート調査を行って顧客のニーズを探ることや、どのタレントを使ってテレビ広告を製作するかといった活動だけではなく、小売店舗を訪問して自分たちが作った商品を販売してくれるように交渉する活動も、重要なマーケティング活動の1つなのです。

具体的なアイデアを出す前の戦略的決断

でも、具体的なアイデアをいろいろと考える前に、実は確認しておきたいことがあります。それは、個別の戦術を考える前の大きな方向性を決める、戦略となる以下の3点（STP）です。

● 顧客は何を基準に商品を選択しているのか？〈セグメンテーション：S〉

1つめは、顧客が何を基準にしてたくさんの商品群の中から特定の商品を選択しているのか、言い換えると、ある商品グループ（カテゴリーともいいます）に対する顧客層のニーズがどのように異なっているのかを明確にすることです。

どの商品にも特徴があります。小容量・大容量、低価格・高価格、低カロリー、スパイシー……。ところで商品が生産され、販売されているのは、それを買ってくれると期待できる顧客たち（これを市場＊といいます）が存在するからです。ですから商品の特徴は、顧客層のニーズを反映したものであるはずです。モノがあふれ、生活が豊かになった今日では、私たち消費者のニーズは

＊複数のお店が集まってさまざまな商品を販売する場所のことをマーケットとか市場（いちば）といいますが、マーケティングや経済学では市場（しじょう）と読むことが一般的です。

著者のつぶやき マーケティングの理解を深めるためには、他の科目の知識もとても役に立ちます。たとえば簿記や会計学で学ぶ損益計算書の見方はその1つです。数字で裏付けられたデータは大切です。

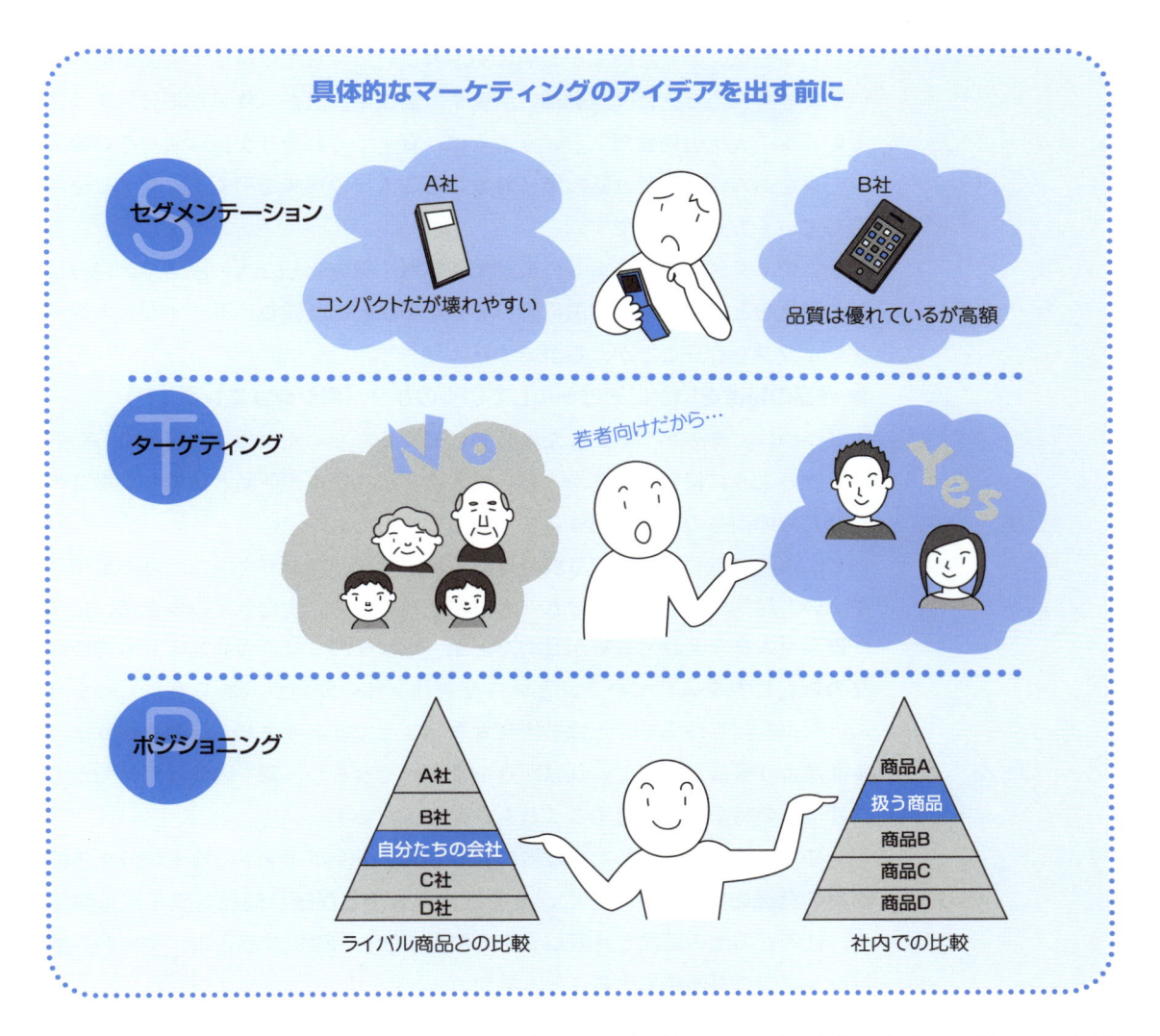

具体的なマーケティングのアイデアを出す前に

セグメンテーション

A社
コンパクトだが壊れやすい

B社
品質は優れているが高額

ターゲティング

No

若者向けだから…

Yes

ポジショニング

A社
B社
自分たちの会社
C社
D社

ライバル商品との比較

商品A
扱う商品
商品B
商品C
商品D

社内での比較

多様化しています。そうしたさまざまなニーズに応えるために、似てはいるけれどセールスポイントが微妙に異なる商品がたくさん売られています。

　そこで、市場を何らかの基準で細分化することで、自分たちの商品と類似している商品群を分類し、どれが本当のライバル商品であるかを明確にすること、すなわち市場の細分化(セグメンテーションといいます)を行うことが、まず重要になります。

● **自分たちの商品を誰に買ってもらいたいのか?〈ターゲティング:T〉**

　2つめは、自分たちの商品は顧客のいかなるニーズを満たしているか判断する、言い換えると、商品の購入を働きかける顧客ターゲットの絞り込みを行うことです。

　自分たちの商品を日本中の誰もが買ってくれるならば言うことはありませ

ん。しかし似たような商品がお店にあふれている今日では漠然と商品を売っていくよりも、たとえば「運動部に所属する高校生」とか「体重管理に気をつけている女子大生の間食用」というように、買ってくれそうな顧客層やその購入シーンをあらかじめ絞り込んで、対象となる人々の興味を引くようなアピールをしていく方が効果的です。

そこでセグメンテーションによって顧客層を細分化した次の段階で、自分たちの商品をとくにどの顧客層に売っていくのかという絞り込み、すなわちターゲティングを行うことが、重要です。

● 商品の特徴をいかにアピールしていくのか？〈ポジショニング：P〉

３つめは、ターゲットとした顧客層に売り込んでいくために、自分たちの商品をどのように位置づけるか、言い換えると、ライバル商品と比較した場合の自分たちの商品の特徴を明確にすることです。

どんな素晴らしい商品にも弱点はあるはずです。コンパクトだけれども壊れやすい、品質は優れているけれども値段が高い……。またライバル企業に比べて資金や人材など経営資源が貧弱だとか、今は社内ではこの商品よりも他の商品の販売に力を入れている、といった会社全体の問題点もあるかもしれません。しかし弱点があることは必ずしも悪いことではありません。強みがライバル商品よりも抜きん出ていれば弱点をカバーできるし、個々の商品だけでなく会社全体の将来像を考慮することも必要だからです。

そこでターゲットとした顧客層に対してアピールポイントとなる自分たちの商品の特徴を明確にすること、その際に自分たちが扱う商品をライバル商品や、社内での他の商品と比較してその位置づけも明確にすること、すなわちポジショニングを明確にすることも重要です。

企業の目標とマーケティングとの関係

● マーケティングの成果指標

ところで株式会社をはじめとする企業は営利を目的としていますから、その究極的な目標は利益を増やすことです。そして利益は売上から費用を差し引いた残り（つまり、売上 − 費用 ＝ 利益）になります。したがって利益を増やす手段としては、売上を増やすことと費用を減らすことが考えられます。

売上の増やし方や費用の減らし方には、さまざまな方法があります。たとえば新商品の発売や海外への新規出店は、売上増加の目的で行われる企業活動の一例です。正規社員の代わりにアルバイトを増やしたり、時代遅れになった商

著者の つぶやき 当初想定したターゲット以外の人々にも人気が出る場合もあります。本書の主なターゲットは初めてマーケティングを学ぶ大学生ですが、若手社会人の方々も利用してくれればいいなあとじつは思っています。

品の取り扱いをやめたりするのは、費用削減の目的で行われることが多いです。マーケティングはどちらかというと前者の、売上を増やすために行われることが多い企業活動です。しかし、大勢の顧客ニーズにあった商品を大量販売するようなマーケティング活動では、大量生産をすることで低コストでの製造という費用削減とともに低価格のために大量販売を行うことが可能になりますから、売上の増加と費用の減少を同時にかなえることを目的に行われる場合もあります。また（販売価格－売上原価）÷販売価格で求められる割合を粗利益率ということがありますが、鮮度や流行が重視される商品、弁当のように加工度が高い商品といった、付加価値が高い商品は粗利益率が高いことが多いので、こうした商品を優先的に購入してもらうことを目的に行われる場合もあります。

ところで、ある活動によって期待できる効果を客観的な数値で表したものを成果指標といいますが、マーケティングの成果指標は、売上高の増加で表されることが多いです。しかしマーケティングを考える上で重要なことは、成果指標である売上（あるいは利益）を増やすことではなく、顧客ニーズに対応するということです。

もうひとつ、マーケティングを考える上で意識しておきたいことがらがあります。それは、顧客（Customer）、自分たちの会社（Company）、ライバルとなる企業（Competitor）＊という3つのCです。マーケティングは市場つまり顧客ニーズに対応するための企業活動ですから、顧客のことを常に意識しておく必要があります。同時に、自社の置かれた経営環境をしっかり認識した上で、できることとできないことを明らかにする必要もあります。そして同種の商品を扱う競合企業や、原料・部品を仕入れる取引先企業の動向も意識する必要があるのです。

＊Competitorには、同種の商品を扱う「ライバル」が該当するのはもちろんですが、製造コストや借入利息の変化によって自社の利益は大きく変化するので、仕入れ先企業や借入銀行なども含めて考えておくとよいでしょう。

● マーケティングの手順

以上をまとめると、具体的なマーケティングのアイデアである4つのPを考える前に、顧客ニーズの分岐点となるような何らかの基準で市場を細分化する（セグメンテーション）、誰にこの商品を買ってもらいたいのかという顧客層の絞り込みを行う（ターゲティング）、自分たちの商品のライバル商品や社内での位置づけを明確にしつつ対象とする顧客層へのアピールポイントを明確にする（ポジショニング）、という3点（それぞれの頭文字をとってSTPということもあります）を明らかにしておく必要があるということです。

つまり、みなさんが課題として与えられた担当部門の商品の売上を増やすためには、まずマーケティングの大きな方向性を決めるSTPという戦略を決定したうえで、具体的な活動である4つのPという戦術・施策を検討していくわけです。

1 記述式

製品、価格、流通チャネル、販売促進というマーケティングに関する具体的なアイデア
を出す前に確認すべきことを3点挙げなさい。

2 選択式

以下の記述のうち明らかに間違っているものを1つ選びなさい。

（ア）マーケティングとは、企業が顧客ニーズに対応することで売上げを増やす仕組み
　　　づくりのことをいう。

（イ）4つのPのうち製品施策には、商品内容の開発も含まれる。

（ウ）商品の価格を上げると購入客は減ってしまうので、商品価格を高価格にすること
　　　は、マーケティング上は決して許されない。

（エ）ある商品の売る場所を直営店舗に限定することは商品の希少価値を高めて顧客
　　　の購入意欲を刺激するから、マーケティングのアイデアとして有効である。

3 自由研究

デジタルカメラのメーカーが行う具体的なマーケティングのアイデアとしては何があ
るか、4つのPに分けて考えてみましょう。

答えはp.150

コンビニエンスストアの成長の秘密
POSシステム

　5万店超。日本国内のコンビニエンスストアの店舗数です。1970年代初めに国内に誕生したコンビニエンスストアの急成長を支えた技術がPOS（Point of Sales）システムです。

　お店のレジで、商品やパッケージの裏に印刷されたバーコードに光を当てると、自動的に値段が計算されていきますね。あれがPOSシステムで、日時や価格、数量などの販売情報を単品（アイテム）別に収集してコンピュータに送り、在庫管理や新たな発注に役立っています。

　コンビニエンスストアは店舗面積や在庫スペースが少ないので、リアルタイムに売上を把握し、品切れのない追加注文をできる仕組みであるPOSシステムを活用することで成長してきたといってよいでしょう。

　もっともPOSシステムの活用にはデータや機械に頼るだけではなく、店員の情報収集や分析能力も大きく影響します。天気予報でしばらく暑い日が続きそうだとわかれば前もってアイスクリームの注文を増やしたり、近くの小学校で運動会がある日はレジャーシートやペットボトル飲料を目立つ場所で売ったり。こうした人のアイデアをサポートするのがPOSシステムなのです。

マーケティングって具体的には何をすることなのか、今までよくわからなかったけど、少しイメージがつかめたかも。新商品を開発するのも、お店で売ってもらうためにあいさつ回りをするのも、テレビコマーシャルを流すのも、どれもマーケティングのアイデアなのね。

いろんなアイデアをやみくもに出すだけではダメで、自分の商品の位置づけや、何をアピールして、誰をターゲットにするかが大事なんだね。

模擬試験を受けて自分の位置を確認し、強い科目を伸ばし、志望校の試験対策をする…、マーケティングって受験勉強に似ているかも。

自分のキャラを確立して、好みのタイプにアプローチする…、どこか恋愛と似てるなぁ。

なるほど（笑）。マーケティングの本質が市場や顧客への対応、つまり相手方のニーズを把握してそれに対応する「コミュニケーション」にあるという点では、適切なたとえだね。

さらなる 読書 のために

沼上幹『わかりやすいマーケティング戦略〔第3版〕』有斐閣 2023年

業界ごとの特徴や会社全体の経営戦略に注目し、具体例を豊富に取り上げることでマーケティング手法をとてもわかりやすく説明しています。

恩蔵直人『マーケティング〔第2版〕』日経文庫 2019年

マーケティングで重要な、顧客視点、顧客起点という観点から、そのあり方をコンパクトにまとめています。オムニチャネルとかカスタマー・ジャーニーといった新しい概念についても説明しています。

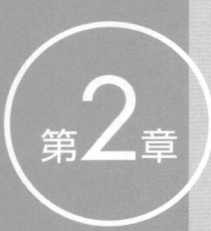

第2章

誰に買ってもらいたいか

STP①セグメンテーション〈S〉とターゲティング〈T〉

この章で学ぶこと
- ☐ マス・マーケティングとセグメント・マーケティング
- ☐ 市場の細分化（セグメンテーション）の視点
- ☐ 効果的なターゲティング

どうしたの、風邪？ ずいぶん大きなマスクだね！

ううん、花粉症なの。だから、鼻と口を隠してくれる花粉症用のマスクを買ってきたの。でも正直言って効果の違いはよくわからないわ。

ふーん。ひょっとして「花粉症専用」っていうのは、メーカーが売上を増やそうとしてセールスポイントとしてつけただけで、実際は普通のマスクと大した違いはないんじゃないのかな。

でも売上を増やす目的なら、むしろ特徴を打ち出さずに、誰にでも何の目的にでも合うマスクと書いた方がいいんじゃないかしら？

たしかに「マスク」という特徴だけでみんなが買ってくれるなら企業にとってはその方が都合がいいはずだ。でもお客さんのニーズが「使い捨てで毎回新しいマスクを使いたい」「花粉を防ぎたい」というように細分化してくると、その要望にあわせた商品を販売したほうが確実に売上を見込めることも増えてくるんだよ。

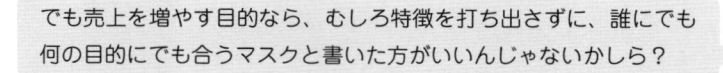

 なるほど！

万人向けと、特定の顧客にターゲットを絞るのとどちらがよいか？

● なぜ特定の顧客層に向けたアピールをするのだろう？

大学生向け、ダイエット用、低価格……。街にはいろいろな特徴を持った商品があふれています。これは、その商品を買ってくれそうな顧客に向けたマーケティング活動の1つです。それでは企業はなぜ特定の顧客層だけが関心をもちそうなセールスポイントを強調しているのでしょうか。また、どのような観点から特定の顧客層をターゲットとして絞り込んでいるのでしょうか。

● 万人向けに商品を売り込んでいくマス・マーケティングのメリット

かつてのマーケティングは商品を売る顧客層を特に絞り込まない方法が一般的でした。これを、マス（大衆）を対象にするマーケティングということで、マス・マーケティングといいます。**マス・マーケティングは商品を購入する顧客のニーズが似通っていて多様化していない、つまり市場が同質的である場合にはとても強力な手法**です。

なぜなら大勢の顧客に大量に販売することができれば売上を増やすことは容易だからです。また、企業にとって大量生産は、工場設備の稼働率向上や原材料の仕入れコストの削減などを通じて製品1個をつくる単位生産コストを下げることができる（これを「規模の経済性」とか、「スケールメリット」といいます）ので、利益の拡大も見込めるからです。

とくに、**ライバルとなる商品が非常に少なかったり市場が急成長していたりする段階、つまり需要が供給を大幅に上回っている段階では、企業にとってマス・マーケティングは都合がよい方法です。**

たとえば1950年代から60年代にかけての高度経済成長期に三種の神器とよばれた冷蔵庫、洗濯機、テレビは、それらを持っている家庭が少なかったので、つくれば飛ぶように売れたわけです*。当時の人々のこれらの商品に対するニーズは食品を冷やす、機械で衣服を洗う、テレビ放送を視聴するといった比較的単純で、個人間での差異が少ない同質的なものでした。したがって「つくれば売れる」状態だった当時の家電メーカーは、大量生産した商品を日本全国に大量流通させることが何より重要で、マーケティング活動は画一的なもので十分だったのです。

● 市場を細分化（セグメンテーション）することのメリット

ところが競合商品が増えたり商品が人々にひととおり行き渡ったりして供給が需要を上回るような段階、つまり市場が成熟した段階になると、売上を増やすことが容易ではなくなります。さらに、顧客のニーズが多様化するようにな

*さまざまな耐久消費財の家庭での普及率の推移は、内閣府の「消費動向調査」で確認することができます。

著者の
つぶやき　三種の神器に続いて高度経済成長後期には、カー、クーラー（エアコン）、カラーテレビの3つの売上が急増しました。これらはそれぞれの頭文字から3Cということもありました。

ると、万人受けする商品ではアピールする力が不足するので、他の商品と異なる特長を強調し、その特長を好む特定の顧客層に売り込む必要が出てきました。**市場が成熟し、市場が同質的ではなくなったために、マス・マーケティングでは顧客ニーズを満たし売上を確保することが容易ではなくなってきたのです。**

たとえば洗濯機でいえば、機械が洗ってくれれば満足するという段階から、静かに洗いたい、ウールのセーターを洗いたい、乾燥もしたいと顧客のニーズが細分化してくる段階になると、そのニーズに合わせた商品の特長をアピールすることで買い替え時に自分たちの商品を選んでもらえる可能性が高まるわけです。

 家電製品やデジタルデバイスは機能に微妙に差をつけた新商品が次々に発売されますが、あまりに商品の種類が多すぎてどの顧客層に何をすすめたいのかわかりにくい気がします。

　ところで、市場を顧客の特徴など何らかの基準で細分化することを**セグメンテーション**といい、そのような細分化した市場（つまり顧客ニーズ）に合わせて売上を増やす仕組みづくりをしていくことを**セグメント・マーケティング**といいます。

　競合商品が増えて多くの消費者に商品が一通り行き渡ったような、市場が成熟した段階、顧客ニーズの多様化により市場が同質的ではなくなった段階では、企業にとってはセグメント・マーケティングの有効性が高まるのです。

どんな視点で市場を細分化するか？

　それではどのような基準で市場を細分化していけばよいでしょうか。市場とはある商品を購入しようとする顧客やその購買力のまとまりのことですから、顧客の何らかの特徴に着目して細分化することが一般的です。

　このとき**セグメンテーションは、セグメント内部では顧客のニーズや行動パターンといった属性が同質的で、他のセグメントとは属性が異なるように行う**ことが大事です。そのようなときに商品内容や、価格設定、広告といった特定のセグメントに向けたマーケティング活動がもっとも効果的になるからです。セグメンテーションはいろいろな視点で行われますが、以下の４つに大きく分類できます。

● その１：デモグラフィック（人口統計的）属性

　デモグラフィック属性とは、性別や年齢、家族人数、所得、学歴といった人口統計的な個人の属性です。個々人を区別する客観的、外形的な情報といってもよいでしょう。これは、若者と高齢者では購入する商品が大きく異なるように、商品に対するニーズや購買行動に影響を与えやすいこと、国勢調査のような統計資料を利用すれば客観的なデータが得られやすいことから、市場を細分化する基準として有効だと考えられています。

　もっとも諸外国と比較して所得や階層の分化が進んでおらず、国民の中流意識が強い日本では所得や職業、学歴といった社会階層によるセグメンテーションの有効性は高いとはいえません。また性別や年齢によるセグメンテーションも、個々人の生活の仕方（ライフスタイル）やニーズが多様化している今日では有効性が低下している場合もあります。

● その２：サイコグラフィック（心理・性格的）属性

　サイコグラフィック属性とは、外交的・内向的、買物は価格重視か品質重視か、健康への関心の強さといった性格的、心理的な個人の属性です。個々人の

生活習慣、態度や考え方といった主観的、内面的な情報といってもよいでしょう。これは、食生活に対する考え方の違いやライフスタイルでファストフード利用頻度が異なるように、市場を顧客の意識や関心で分類することでセグメンテーションに新たな切り口を見出せる点で有効です。

　しかしこうした消費者の心理をつかむことはアンケート調査などの情報収集が必要になってコストがかかります。また、高品質のものを買おうと思っているが実際には低価格のものを買ってしまう人がいるように、購買前の意思や態度と実際の購買行動が異なることも少なくないという問題があります。

● その３：行動属性

　行動属性とは、購入した商品やその購入金額、店舗への来店頻度、商品の使用頻度といった、購買行動や消費行動に関する個人の属性です。個々人の頭の

市場の細分化の視点あれこれ

デモグラフィック属性
（年齢、性別、職業）

サイコグラフィック属性
健康志向
新しもの好き
…

行動属性
和食

地理的属性
ミカン好き！
リンゴ好き！
ブドウ好き！

著者の
つぶやき　どのような基準でセグメンテーションするのかは、マーケティングに携わる担当者（マーケターともいいます）のまさに腕の見せどころで、常にこれが一番というものはありません。

中の意識ではなく、表に出た実際の行動に関する情報といってよいでしょう。これは、顧客の実際の行動パターンに基づいた分類なのでマーケティング活動によって売上拡大に直結しやすいこと、eコマースやポイントカードの普及などで顧客の購買データの収集が容易になっていることから、セグメンテーションに利用される機会が増えてきています。

たとえば食品分野の大手卸売業である三菱食品（旧社名は菱食^{りょうしょく}）は、取引先である食品スーパーに対して、来店客の購買データを分析して店舗ごとに売上増加が見込まれる売場レイアウトを提案するというサービスを提供しています。これは行動属性をもとにおすすめの売場を提案し、小売店の売上向上に役立てているのです*。

＊日経MJ「菱食、売れ筋分析事業」2008年3月17日7面

● その4：地理的属性

地理的属性とは、都道府県、オフィス街か住宅地かといった顧客の所在地や行動圏内に関する属性です。これは、地理的な条件で市場を細分化することが有効な商品で利用されることの多い属性です*。

＊スマートフォンのGPS（Global Positioning System）や無線LAN（Local Area Network）を用いて近隣の飲食店の情報を案内するような位置情報マーケティングの普及もあって，利用機会が増えています。

たとえば食品は地域によって好みが大きく異なります。総務省が全国約1万世帯の家計簿を集計して毎月公表している家計調査を見ると、マグロやサケは関東から北海道の東日本、アジやサバは西日本の購入額が多い傾向にあり、かまぼこは仙台市、かつおは高知市の購入額が全国平均と比べて突出して多いことがわかります。あるいはコンビニエンスストアの売れ筋商品は、オフィス街と住宅地立地では異なることが一般的です。これはそれぞれの店舗に買い物に来る顧客のニーズの違いを反映しているといえるでしょう。

顧客層を絞り込むターゲティング

● どのセグメントをターゲットにするか

市場を細分化するセグメンテーションを行ったら、次に自分たちは**どのセグメントを対象にマーケティング活動を行うかという顧客市場の絞り込みを行う**必要があります。これが**ターゲティング**です。

ターゲティングを行うことの目的は何でしょうか。それは絞り込んだセグメントに対してマーケティング活動を集中させることで、売上拡大につなげることにあります。たとえばあるTVコマーシャルを行った場合に、ターゲットとしたセグメント内では一様に高い反応が期待できることが重要で、他のセグメントには無視されてしまっても構わない、ということになります。つまりセグメント内が同質的であり、他のセグメントとは異質であるようなターゲティン

著者のつぶやき みなさんは旅行先で食品スーパーに行きますか？　地方の小売店の生鮮売り場は個性があって楽しいです。たとえば北海道ではラム肉が、東北ではホヤやサメが、熊本では馬肉が大量に売られたりしています。

グを行うことが高い成果につながるのです。

　気をつけておきたいことは、誰も考えつかないような切り口で市場を細分化して、周りをあっと言わせることがターゲティングの目的ではないということです。つまり、特定のセグメントをターゲットとして絞り込んだとしても、そのターゲティング自体が適切でない場合もあるのです。ターゲティングを行う際の注意点は以下の通りです。

　まず、**ターゲットとして絞り込んだセグメントが、十分な売上や利益を挙げられるだけの規模を持つこと**です。たとえばスナック菓子市場を購入世代別にセグメンテーションして、自分たちは高齢者にターゲットを絞ったとしても、高齢者が好むのは和菓子でスナック菓子をほとんど食べないのであれば、そのようなターゲティングは有効とはいえません。自家用車市場を地域や顧客の所得水準やライフスタイルなど多数の属性で細分化した上で、単一のセグメントにターゲットを絞ったとしても、そのセグメントに属する顧客数がとても少ないのでは、マーケティング活動による十分な売上拡大効果は期待できません。

　また、十分な規模を持つセグメントを対象とするということは、**セグメントの顧客数や購買力を的確に測定できること**が前提となります。たとえば、5年後に子どもが誕生する家庭というセグメントをターゲットとして選んだとしても、将来の生死のことなど誰にもわからない以上、その世帯数を的確に測定することもできないのですから、マーケティング活動に役立つセグメンテーションとはいえません。

　次に、**売上拡大に結び付くマーケティング活動が実行可能なこと**です。たとえば甘い菓子を好む幼児はたくさんいるでしょうが、その両親がむし歯を恐れて菓子を決して子どもに与えないのであれば、幼児が欲しがりそうな広告をいくら行ってもそのマーケティング活動は有効とはいえません。自分の財布を持っていない幼児が菓子を手に入れるには、大人に買ってもらうほかないのですから、両親の意識を変えるような広告をする必要があるのです。

　そして、成果が期待できるマーケティング活動が実行可能であるということは、**セグメントに対するアプローチができること**が前提となります。前に挙げた5年後に子どもが誕生する家庭の例ですが、かりにそうした世帯数を過去のデータから推測できたとしても、人々が5年後に子どもが生まれることを予測してテレビ番組や雑誌を見たり、病院に通ったりすることはほとんどないでしょうから、特定の世帯に向けたアプローチをすることは現実的には困難なのです。

著者のつぶやき 本文にあげた例のほか、総務省のウェブサイトでは家計調査で判明した、さまざまな食品の購入額が多い都市をグラフでわかりやすくランキングしており、地方の特色が出ていておもしろいです。

● **ターゲティングの仕方あれこれ**

　市場をセグメンテーションした後に、どのセグメントをターゲットとするかはその企業が有する資金力や人材といった経営資源の豊富さや、商品の特性によって異なります。

　たとえばファッション衣料やアクセサリーのように好みが細分化しやすい商品の場合は、セグメント間の違いが明確となるので、他のセグメントを無視して単一セグメントに集中するターゲティングが有効となります。また経営資源が十分ではない企業の場合も、限られた経営資源を1か所に集中することで、セグメント内で大きなシェアを獲得することができる可能性が高まります。

　一方、せっけんやトイレットペーパーといった生活必需品のように顧客の好みが比較的細分化しにくい商品の場合や、経営資源が豊富な大企業の場合は、複数のセグメントを同時にターゲットとすることも考えられます。ターゲットをある程度広げることは、競合商品が増えるとか広告などのマーケティング費用がかさむといった問題はありますが、対象とする市場の規模が大きくなるので売上の拡大も見込めるからです。

　また、すべてのセグメントをターゲットとすることも考えられます。しかしセグメントごとの違いを無視して単一の商品で市場全体にアプローチすることはマス・マーケティングと同じなので成功することは容易ではありません。そこで複数の商品がそれぞれ特定のセグメントをターゲットとすることで、企業としては市場全体をカバーすることが考えられます。この方法は、経営資源の豊富な大企業がさらなる規模的拡大を目指して行うことが多いです。たとえば花王やライオンのような日用雑貨品の大手メーカーは、シャンプー・リンスや洗濯洗剤といった商品グループごとにそれぞれ数種類の商品を扱っていること

効果的なターゲティング

サイコグラフィック属性「味の好み」	激甘				
	激辛				
	…				
	低カロリー				
	低塩				
		幼児	… 大学生 …	高齢者	
		デモグラフィック属性「世代や職業」			

50倍カレー

激辛商品を食べる大学生

●セグメント内が同質で、他のセグメントは異質であること
●ターゲットとして選んだセグメントに十分な規模があること
●ターゲットに向けたアプローチによって実際に売り上げ拡大につながること

が一般的です。これは顧客ターゲットごとに異なる商品を揃えることで、多様なニーズにきめ細かく対応しようとしているのです。

● 究極のターゲティング──ワン・トゥ・ワンマーケティング

このように、セグメンテーションからターゲティングに至るプロセスで気をつける点はありますが、顧客ごとのニーズが多様化すればするほど、そして競合商品が増えれば増えるほど、市場をいっそう細分化する必要が高まります。そこでターゲット顧客ごとに異なるニーズへの対応を究極まで高めたものが、顧客ひとりひとりの個別ニーズに対応するワン・トゥ・ワンマーケティングです。

アニメのサザエさんを観ていると「三河屋さん」が磯野家によく顔を出しています。このような御用聞きが行う、顧客ごとに注文を取り配達をするといった個別対応もワン・トゥ・ワン・マーケティングの1つの形です。メーカーや小売店が、自分のためだけに特別な応対をしてくれれば喜ぶ顧客は多いはずですから売上の拡大も期待できます。しかしこうした個別対応は、企業にとって接客する人手や個々の顧客ニーズに対応する時間を多くさかなければならないという点でコストが増えやすいという問題が生じます。

そこで高コストという問題を解消するために、ポイントカードなどの会員プログラムやインターネットといった情報通信技術（Information and Communication Technology：ICT）を活用することでワン・トゥ・ワンマーケティングを行う例が増えています。ポイントカードで蓄積した顧客ごとの購入履歴を分析した上でそうした買い物をする顧客が喜びそうな特別なサービスを提供したり、顧客のウェブサイトの閲覧履歴に応じて関連する商品や関心を持ってもらえそうな情報を表示したりするのがその一例です。

流行 モノのひみつ　はやり

アマゾン社のおすすめ商品の秘密
顧客データベース

書籍のインターネット通信販売で有名なアマゾンでは、何度か商品を購入していると「○○さんへのおすすめ商品」という表示が出てきたり、商品を検索すると「この商品を買っている人はこんな商品も買っています」という表示が出てきたりします。こうした表示はどのようなデータをもとにしているのでしょうか？

これは顧客の行動属性、つまり購入した商品など顧客の大量の情報を収集したデータベースに基づいています。私たちはアマゾンの会員になるときに年齢や職業といったデモグラフィック属性を登録する必要はありませんし、商品の好みや買物をする際に何を重視するかといったサイコグラフィック属性も登録していません。アマゾンはこうした属性よりも行動属性に基づいたマーケティング活動の方がより売上増加に直結していると判断しているのでしょう。

課題

この章のテーマをさらに
深めるために

1　記述式

効果的なターゲティングをするために気をつけるべきことは何か。

2　選択式

セグメンテーションの方法について、以下のうちから正しいものを1つ選びなさい。

（ア）複数のセグメントを同時に狙うことは適切ではない。

（イ）セグメントの規模や購買力を把握する必要がある。

（ウ）ライバル商品が減るのでセグメントは小さいほど適切である。

（エ）ライバル商品がすでにターゲットにしているセグメントにあとから参入しても
　　　ムダである。

3　自由研究

大学生向けの衣服市場をセグメンテーションするとしたらどのような属性で細分化す
るのがよいか。そう考えるのはなぜか。

答えはp.150

「市場を細分化する」。自分の企画力を試すみたいでおもしろそうだけど、
やみくもに分類しても意味がないのね。

ターゲットに合わせた商品なら顧客が感じる付加価値が高いはず
だから、安売りしなくても売上が増やせそうだな。

花粉症対策のマスクは、それだけ花粉症に悩んでいる人が多い証拠みたいなものなのね。
ところで先生、マスク市場をセグメントする基準は何が最も適しているんですか？

市場を分類する基準として何がいいかは、消費者の意識や購買行
動の影響で左右されるし、商品分野ごとに大きく異なります。だ
から、これがベストだとは一概には言い切れないんだ。
これらの問題は、マーケティングの応用編にあたる消費者行動論
やマーケティング・リサーチといった講義で学ぶことができます。

**さらなる
読　書
のために**

**和田充夫・恩藏直人・三浦俊彦『マーケティング戦略〔第6版〕』
有斐閣　2022年**

マーケティング分野で著名な教科書です。情報量が多いので、本書の内容を理解した上
で読み進めるといいと思います。セグメンテーションやターゲティングの手法について
も詳しく解説されています。

市場での位置を決め、顧客ニーズをつかめ

第3章

ＳＴＰ②ポジショニング〈P〉

この章で学ぶこと
- ☐ ターゲット顧客に対する商品の位置づけを明確にする（ポジショニング）
- ☐ 他社と比べた自社の位置づけ（リーダー、チャレンジャー、ニッチャー、フォロワー）
- ☐ プロダクト・ポートフォリオ・マネジメント（PPM）

あっ、一郎先輩、こんにちは。就活はいかがですか？
先輩だったら一流企業から難なく内定が出そうですね！

やぁ、ヒトミさん。ぼくは大手企業はあまり受けていないんだ。
大企業は何でも手がけているのは魅力的だけど、自分にはどうもイメージ
がつかみづらくて。実はさっき、ある会社の最終面接を受けてきたんだ。
規模は大きくないんだけど、高い技術力を武器にしてこだわりのある製品
をつくっている機械部品メーカーなんだ。狭い分野だけどその市場では
シェアがトップの会社だよ。

なるほど。市場をセグメンテーションしてターゲットを
絞り込んでいる会社なんですね！　かっこいいです！

うん。知名度は低くても力のある企業があるんだよ。ただ、大企業が豊富
な資金をつかって、同じような製品を販売するようになっているから競争
が激しくなっていて、営業部門やマーケティング部門の力量が以前より
いっそう重要になっているんだって。

自分たちの製品力や売り方だけじゃなくて、ライバル企業の動向にも目
を配らなくちゃいけないんですね。やりがいがありそうな会社ですね。

ターゲット顧客に対する商品の位置づけを明確にする

● 顧客に商品をどう認識してもらうか

　第２章ではセグメンテーションとターゲティングについて学びましたが、この章ではポジショニングについて考えます。ポジショニングとは、ターゲットとして絞り込んだ顧客層に対して商品をどのようにアピールするか、ということです。言い換えると、自分たちの商品がライバル商品と比較して、顧客にとってどのような価値があるのか、セールスポイントを明確に位置づけることです。

　その１つの方法が、商品に対する顧客のニーズやメリットから購入の鍵となる商品特性を判断して、それをライバル商品と比較して優れているセールスポイントとしてアピールしていくことです。何が売上を左右するような重要な商品特性なのかは、アンケートなどの市場調査を通して試行錯誤で判断していくことが多いでしょう。

● ポジショニング・マップ

　他社商品との違いを一目瞭然にするものにポジショニング・マップがあります。これは、複数の商品特性で商品を位置づけ、商品間の共通点・相違点を明快にするものです。

　たとえば「手軽に撮影したい女性」という市場セグメントをターゲットとしたデジタルカメラのポジショニング・マップを考えてみましょう。一般的に言えば、デジタルカメラの購入者が商品選択の際に重視する商品特性としては、記録メディアの種類、機器の重さ、撮影機能、価格帯、見た目のおしゃれさなどが考えられますが、市場調査の結果、ターゲットとする顧客層は機器の重さ（軽量か頑健）と撮影機能（写実度の高さと補正度の高さ）を重視することがわかったとしましょう。そこでこれら２つの商品特性で、自社商品といくつかの競合商品を位置づけてみたとします*。

　記録方法がDVDやSDカードといった軽量メディアか、ハードディスクかということは、記録画像の保存性の高さや録画時の起動時間の短さにも影響

＊商品の特性は２つに限られるものではありませんから、３つ以上の特性でポジショニング・マップを作成することも可能ですが、図にあらわしたときに直感的に理解するのは難しくなります。

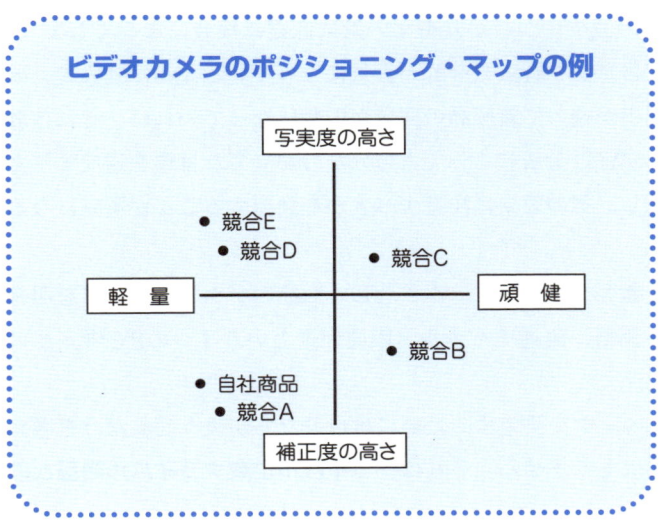

ビデオカメラのポジショニング・マップの例

しますが、これらはプロ並みにビデオカメラを使うヘビーユーザー以外にはあまり重要ではないでしょう。しかしハードディスクを使わないことでカメラ本体が軽量化するのであれば、これは女性ユーザーに対しては重要なアピールポイントになりそうです。また撮影機能については、画素数の細かさや起動時間の短さは記録画像の写実性を高めるためには重要ですし、数値データで客観化できる特性ですが、これらもヘビーユーザーが好みそうなポイントです。むしろ手軽さを求める女性ユーザーには、手ブレ補正やオートフォーカスのような撮影技術の未熟さをカバーする機能の方が好まれるのはないでしょうか。

このように考えると、自社の商品にとってのライバルは競合A商品に限られるので、この商品との差別化を他の特性（たとえば価格とか見た目とか）で行っていけばよいことになります。

● SWOT分析

また、自社のおかれた状況を分析するための枠組みに**SWOT分析**（スウォット）というものがあります。これは自社を取り巻く環境を内部要因と外部要因に分けてそれぞれのプラス面とマイナス面を認識するものです。

SWOT分析では自社を取り巻く環境を、企業自身（内部）の**強み（Strength）**と**弱み（Weakness）**、企業をとりまく環境（外部）の**機会（Opportunity）**と**脅威（Threat）**に分けて、それぞれの活かし方や対処の仕方を考えていきます。SWOT分析とは、これら各要因の頭文字をとって名付けられたのです。

SWOT分析

	プラス	マイナス
内部	強み Strength	弱み Weakness
外部	機会 Opportunity	脅威 Threat

スナック菓子を例に挙げると、少子高齢化やダイエットブームといった外部要因は脅威になりますし、食品に対する簡便化嗜好や外食の減少につながりやすい景気低迷は機会になるでしょう。ある会社が活発な広告宣伝を行ってそれが人気になっているならば強みに、研究開発部門の人材流出が続いて新商品の開発が困難になっていれば、それは弱みになるでしょう。SWOT分析によって、自分たちが立てた目標を達成するためにどの要素を活かし、どの要素に注意すべきかを判断することが明確になるのです。

このような方法で顧客ターゲットにふさわしい商品のポジショニングを明確にした上で、製品、価格、流通チャネル、販売促進という4つのPを考えていくわけです。

もっともポジショニングを決定するためには自分たちが扱う商品だけを考えているのでは十分ではありません。それは**①ライバル企業やライバル商品との**

関係で自分たちの商品のポジショニングは変化するし、②自分たちの会社の他の商品との関係でもポジショニングは変化するからです。以下ではこの２つのポイントからポジショニングについて考えてみます。

ライバル会社と比べた自社の位置づけは？

第１のポイントは、競合する商品を扱っている会社と自社とを比較しておくことです。自社や他社が各商品でどのようなマーケティング活動を行うかは、自分の会社がライバル会社と比べて売上高が多いか少ないか、商品開発の技術力が強いか弱いかといった競争環境によって変わってくるからです。

● 売上トップのリーダー

売上トップの会社ならばそれに見合って、新商品を開発するスタッフや営業スタッフが多数配属されているでしょうし、十分な研究開発費や広告費を投じる資金力もあるでしょう。このように大きな力を持つ会社は「リーダー」とよばれます。リーダーは売上トップを維持し続けるために、さまざまな商品を開発して市場をくまなく抑える全方位型の商品展開、すなわちフルカバレッジを目指すことが一般的です。

リーダー企業は売上拡大を続けるために、豊富な経営資源をもとに積極的な企業活動を行う必要性が高いのです。すでに参入している市場での新たな顧客の拡大や既存顧客のリピーター化、キャンペーンを通じた市場自体の拡大のほか、Ｍ＆Ａ（Merger and Acquisition）といわれる企業買収や合併、多角化によって新たに市場に参入するなど、多様な事業展開していくことが考えられます。

市場の細分化の視点あれこれ

リーダー
フォロワー
チャレンジャー
ニッチャー

● トップの地位を脅かすチャレンジャー

　次に２番手グループの会社は、首位に立とうとするならば、トップ企業のやることをまねするだけでは足りません。さらにリーダーが手がけていない新商品を売り出すなど、何らかの差別化をする必要があります。このような会社はトップ企業への挑戦者ですから「チャレンジャー」とよばれます。

　なお、２番手グループかそれ以下のグループかを分けるのは、単純に売上順位で何番目かというのではなくて、リーダーを打ち負かすか、現状の地位に甘んじるかという、その企業の意欲の違いと考えた方が適切です。

　２番手以下の下位グループの会社は、売上高が多くないために利益も少なく、人材やお金といった経営資源を十分に割り当てることができない場合が一般的で、何か特徴を出さないと力の強い上位の会社の販売攻勢に打ち負かされてしまいます。そこでこうした会社が生き残るためにとる戦略は、大きく２つに分けられます。

● 大手の模倣で生き残ると割り切ったフォロワー

　１つは売上トップや２番手グループの会社をまねして同じような商品をつくり、それを安く販売する方法です。少ない経営資源を低コスト生産でカバーするわけです。あまり知名度のない商品であっても低価格をつければ、店舗に置いてもらえ、顧客に買ってもらえる可能性が増えてきます。このような会社は上位企業をまねする追随者（ついずい）なので「フォロワー」とよばれます。フォロワーは上位企業が成功している商品分野で類似商品をつくって一定のシェアを獲得することをねらいます。したがってニーズの少ない商品だったという失敗や、商品開発に多大なコストを要してしまったというリスクが生じにくいというメリットもあります。

● 小粒だけどピリリと辛い独自路線のニッチャー

　もう１つは他社とはまったく異なる商品をつくって、特別なこだわりのあるお客さんだけを相手にする方法です。少ない経営資源を特定のセグメントに集中して投じるわけです。このような会社は他の会社がターゲットにすることの難しい、すきま（英語でニッチという）市場で生き残りを図るので「ニッチャー」とよばれます。

　もっともニッチャーが独自性の高い商品をつくっても、リーダー企業はフルカバレッジをすることが戦略的に重要なのですから、同じような商品をつくってライバル商品の特長を消す同質化戦略をとることが一般的です。ですからニッチャーがすきま市場で生き残りを図ることは容易ではありません。ニッチャーが長期的に成功するためには、大手企業が相手にする気になれないよう

な非常に小さな市場で高いシェアを得ることで規模の小さなニッチャーとしては十分な利益を挙げているとか、上位企業がニッチャーの商品と同質的な商品を手がけると自社の既存商品と顧客層が重なってしまい、売上を互いに食い合うカニバリゼーションを招いてしまうといった場合に限られてしまうのが現実なのです。

マーケティング戦略を検討するときは、対象となる商品分野について、自分の会社が売上トップの「リーダー」なのか、首位を狙う２番手グループの「チャレンジャー」なのか、あるいは下位グループなら、大手のまねをして生き残りを図る「フォロワー」と、すきま市場で個性を発揮する「ニッチャー」のどちらを目指すのか、自分の会社をライバル会社と比較して位置づけた上で、その特徴にあった戦略を立てることが重要なのです。

この商品に会社はどれだけ力を注げるのか？

第２のポイントは、マーケティング戦略を検討する商品を、会社の他の商品分野と比べてみることです。多くの会社は複数商品を取り扱っている一方で、有する人材や資金といった経営資源には限りがあるので、それを各商品にどれだけ投入できるかによって、立てる戦略が変わってくるからです。

そこで会社が経営資源を、複数の商品分野のうちでどこに配分するのが効果的なのかを判断するために、**プロダクト・ポートフォリオ・マネジメント**（以下**PPM**と略します）という方法があります。ポートフォリオとは、直訳すると書類入れとか紙ばさみですが、ここでは組合わせという意味でおさえておくとよいでしょう。

具体的には次頁の図のように各商品分野の市場成長率を縦軸に、その市場での自社の商品販売額の占める割合（これを売上シェアといいます）を横軸にとります。市場成長率の高さは、その市場の中長期での魅力度の高さをあらわし、売上シェアの高さはその会社の競争力の高さをあらわします。そして自社の商品をこの図の中に位置づけていきます。

● ①花形製品

市場が高成長で売上シェアも高い商品は、①に位置づけられ「花形製品」とよばれます。**高成長の市場のためにライバル会社も多く、高い売上シェアを維持するために積極的な商品開発や広告が行われ、社内の注目を浴びる**からです。今のシェアが高くてもライバル商品に一発逆転されるおそれがあるので油断はできず、経営資源を投入する必要性が高いのです。

著者のつぶやき　私は以前、信託銀行で株式運用の仕事をしていましたが、こうした資金運用の世界でも複数の株式など金融商品への投資という意味で、ポートフォリオということばがよく使われています。

● ②問題児

　市場は高成長ですが、売上シェアが低い商品は②に位置づけられ「問題児」とよばれます。**将来性はありそうだけど成功するかどうか、今はまだわからない**からです。今の売上シェアが低くても市場の成長率が高いので商品開発などいろいろな工夫をすれば、売上が一気に増えてシェアも高まる可能性があるわけです。逆に言うと、起死回生の商品が出てこなければ、他社の花形製品や新商品に次第にシェアを奪われるおそれも高いわけです。

● ③金のなる木

　市場の成長率は低いけれども、その中での売上シェアが高い商品は③に位置づけられ「金のなる木」とよばれます。**低成長市場のため新規参入する会社が少なくて競争はそれほど激しくならない一方、自社の売上シェアは高いので収益性が高い**からです*。競争が安定的なので経営資源を投入する必要性は低く、ここで獲得した資金（キャッシュ）は「花形製品」や「問題児」に投入されることになります。しかし、市場の成長率の低下とともに売上高は減少していきますから、中長期的には得られるキャッシュも減少していきます。

　言い換えると、収益性が高いからといってあらゆる商品が「金のなる木」に位置づけられる企業が優れた企業とはいえません。市場の成長率が高くて将来性のある「花形製品」や「問題児」の商品も社内に存在し、それを育てていくために積極的な投資をしていくことが重要なのです。しかし「花形製品」や「問題児」だけでは、激しい競争に打ち勝つための資金を生み出すことができない

*競合する商品群の中でシェアがトップの商品は、顧客の知名度の高さやブランド力の高さ、あるいは店舗が取り扱いを積極的に行うことが多いので、過度な価格競争をせずにすみ、結果的に収益性が高くなります。

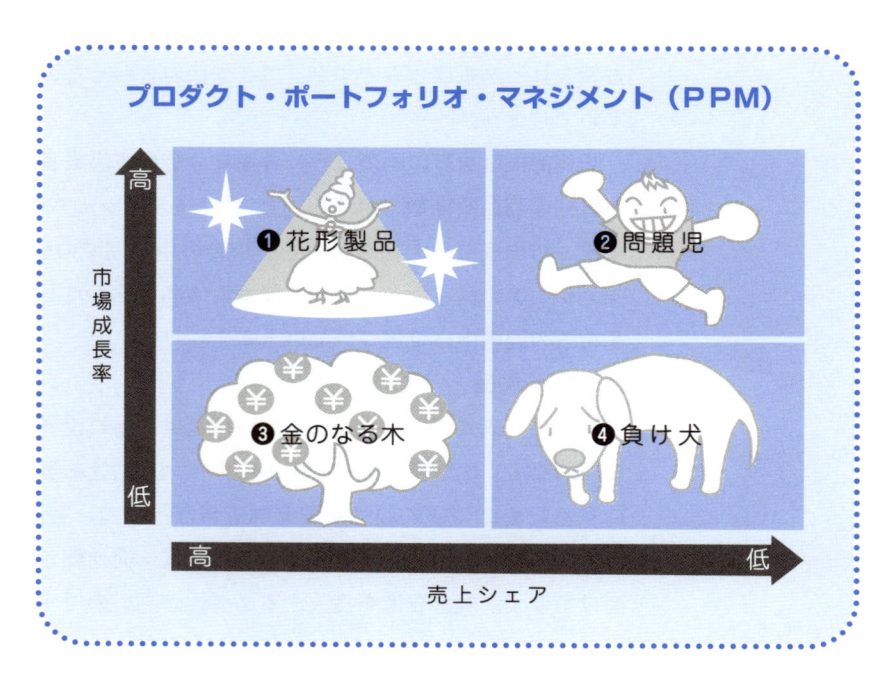

著者のつぶやき：花形製品だけではなく、成長が楽しみな問題児や、手堅い金のなる木とバランスよく揃っているのが良い企業です。ホームランを打つ４番バッターだけでは試合に勝てない野球に似ていますね。

わけですから、「金のなる木」が存在しないのであれば、それも大きな問題です。

● **④負け犬**

　市場の成長率が低くて自社の売上シェアも低い商品分野は、④に位置づけられ「負け犬」とよばれます。低成長の市場では売上の拡大を見込みにくく、今の売上シェアの低い商品が挽回（ばんかい）するのは難しいからです。会社がすでに参入している市場から手を引くことは容易ではありませんが、どこに経営資源を集中させるか分析したうえで製造・販売を中止して市場からの撤退を検討してもよいグループです。

● **具体例で考える**

　たとえば明治（明治製菓）という会社は乳製品のほか「きのこの山」や「アポロ」といったチョコレートで有名ですが、ほかにスナック菓子の「カール」や、ガムの「キシリッシュ」、さらに「銀座カリー」というレトルトカレーや、プロテインやビタミンといったスポーツ・健康食品など多数の分野の商品を製造・販売しています。

　矢野経済研究所がまとめている『日本マーケットシェア事典2024年版』でみると、このうちチョコレート市場では、明治はロッテや森永製菓といったライバル企業を抑えて、売上がトップです。またアイスクリームなどの氷菓市場では、売上シェアは第6位です。しかしチョコレート市場全体の成長率は健康・ダイエットブームや少子化の影響でおおむね横ばいであり、氷菓市場の成長率も同様の理由からおおむね横ばいです。一方、スポーツ・健康食品市場は高成長が続いていますし、レトルトカレー市場も、食事に手間をかけない人々の増加や高級レトルトカレーの新発売によって拡大傾向です。

　さてチョコレート分野について考えると、市場全体の成長率は低いですが、明治の売上シェアはトップで高いですから、③金のなる木に位置づけられます。また、レトルトカレーや健康食品のように市場全体の成長率が高い分野では新規参入する会社が多く、競争は激しくなります。でもこの分野では明治の売上シェアはそれほど高くはありません。このような場合は②問題児に位置づけられます。明治は「金のなる木」のチョコレート事業で得た資金を、健康食品などの事業に積極的に投入して「問題児」から「花形製品」に変えられるようにすることが重要です。

　このように、自分の会社が扱うさまざまな商品分野をPPMの図に位置づけると、どの商品分野に優先的に人材やお金といった経営資源を配分すべきかが一目で明らかになるわけです。

課題

この章のテーマをさらに
深めるために

1　記述式

フォロワーの強みは何か。80字以内で述べなさい。

2　選択式

次のそれぞれにあてはまるものを図の①〜④から1つずつ選びなさい。

（ア）キャッシュを豊富に獲得できるが、それを自らの市場に投資する必要性は低いもの。

（イ）現状は自社の市場での地位は強固ではないが今後の逆転のため活発に投資すべきもの。

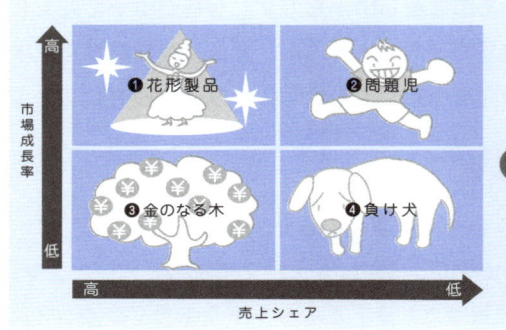

3　自由研究

あなたがニッチャーだと思う企業を挙げ、その企業がリーダー企業の同質化戦略を避けるためにどのような工夫をしているか指摘しなさい。

答えはp.150

流行（はやり）

モノのひみつ

誰のため？　何のため？
ポイントカード

　家電量販店やスーパーマーケット、DVDなどのレンタルショップの多くが会員カードを発行しています。買い物の時にこうしたカードを見せると、次の買い物に利用できるポイントが購入金額の1〜10%程度の割合でつくことが一般的です。これは買い物客にとっては実質的な値引きと同じですから、大きなメリットであることは言うまでもありません。それではポイントをつけているお店の側には何かメリットがあるのでしょうか。

　その1つのメリットは、ポイントがあるから「またあのお店で買おう」と何度も買い物に来てくれるお客さんが増えるという可能性です。現金での値引きと異なり、次の買い物の支払い金額に充当するカードのポイントを使うには、また買い物に行く必要があるからです。

　もう1つの大きなメリットは、お客さん一人ひとりが今までに何を買ったかという買い物データを蓄積して、それに合わせたおすすめ商品を案内したり、特別なサービスを提供したりできるということです。第2章のセグメンテーションで解説した行動属性の元のデータになるのです。

　さらにスーパーマーケットの中にはこうした会員データを取引先であるメーカーに販売する会社も出てきています。メーカーにとっても誰がどの商品を買っているか、どの商品が一緒に買われているかは商品開発などに大変役立つデータなのです。ポイントカードは会員個人にとっても発行する小売業にとっても利用次第で宝の山になるのです。

一般には知名度が低くても特定の事業分野で優れた会社があるっていう一郎先輩から聞いた話、ゼミのみんなにも教えてあげたいな。

じゃ、飲み会をしようよ。セッティングは任せて！

さすが宴会部長。ゼミでの議論の時は静かなのに。まさにニッチャーね。

うるさいなぁ。ぼくは何でもやりたがるリーダーじゃなくて「いぶし銀」を目指しているからいいんだよ。

たしかに遊び関係での行動力は誰にもまねできないわ。
他者の同質化を許さず、差別化ですき間での存在感を発揮することに成功してるのね（笑）。

さらなる 読書 のために

Ｗ・チャン・キムほか著/入山章栄ほか訳『ブルー・オーシャン戦略〔新版〕』ダイヤモンド社　2015年

ブルー・オーシャンとは、企業が新たな顧客ニーズを主体的に創造することで生じた、他者との競争が存在しない市場のことです。実例が多く取り上げられており和訳もわかりやすいので、専門的知識がなくても読みやすいです。

小倉昌男『経営学』日経BP　1999年

クロネコヤマトの生みの親であるヤマト運輸の元社長によるケーススタディです。1970年代の運輸行政による硬直的な規制との闘いなどノンフィクション小説としても面白いですが、実学的な経営理論も示しています。

第4章 売れる商品はここが違う

4つのP①Product〈製品〉

この章で学ぶこと
- ☐ 商品の便益をいかに顧客に伝えるか
- ☐ ブランドの展開
- ☐ 商品開発の方向性（プロダクト・アウトとマーケット・イン）
- ☐ 製品のライフサイクル

今度のゼミ合宿で写真係になっちゃった。私のスマホ、おととし買ったから機種が古いの。キレイに写らないんじゃないかな。

 そんなことないよ。スマホってどんどん新商品が出るけど、この1、2年のカメラの性能はあまり変わってないと思うよ。

だったら、なんで新商品が発売されるの？あまりメリットがないような気がするわ。

 ぼくたち買う側にはメリットが小さくても、売る側にはメリットが大きいんじゃないのかな。新商品だとお店が積極的に売ってくれるとか、新しモノ好きのお客さんが買ってくれるとか……

なるほどね。マーケティングは売る人の事情も考えてみないとね。

 うん。マーケティングは顧客ニーズに対応することで企業の目標を達成するためのものだから、買い手と売り手、双方の視点を忘れないようにしたいね。

商品の特長を顧客に知ってもらうには

● 製品・商品はどう分類できる？

この章では、会社が売上や利益を増やすためにはどのような観点で商品を生産し販売することが適しているのか、というマーケティングの製品施策＊を考えます。

このことを考える前に商品を分類してみましょう。商品は機械設備や原油、木材など企業が生産活動に利用する生産財と、加工食品や書籍など個人消費者が利用する消費財に分けることができます。本書は消費者向けのマーケティングを取り上げているので、この章で取り上げる製品施策も主に消費財が対象になります。

消費財はさらに最寄品、買回り品、専門品に分けることができます。最寄品とは、消費者が商品購入時に品質や価格など複数商品の比較をせずに便宜的に手近で買うような商品のことをいい、スナック菓子やトイレットペーパーのように日常的に購入する低額の商品が当てはまります。

買回り品とは、商品購入時に複数商品を比較して買うような商品のことをいい、衣服や家庭電化製品のように比較的高額な商品が当てはまります。

専門品とは、商品を購入する消費者にとって特にこだわりのある商品のことをいい、オートバイやギターなど高額な商品や趣味用の商品が当てはまります。

● 商品のメリット・便益をいかに顧客に伝えるか

商品の売上を増やすには、顧客にその商品を購入することで得られるメリット・便益を認識してもらわなくてはなりません。ですから商品の中核となる便

＊「製品」というと大型のモノや工場から出荷される完成品というニュアンスが強く、「商品」というと消費者が日常的に使う比較的小型のモノというニュアンスが強まりますが、本書では両者ともほぼ同じ意味で使っているので、商品施策と読み替えても問題はありません。

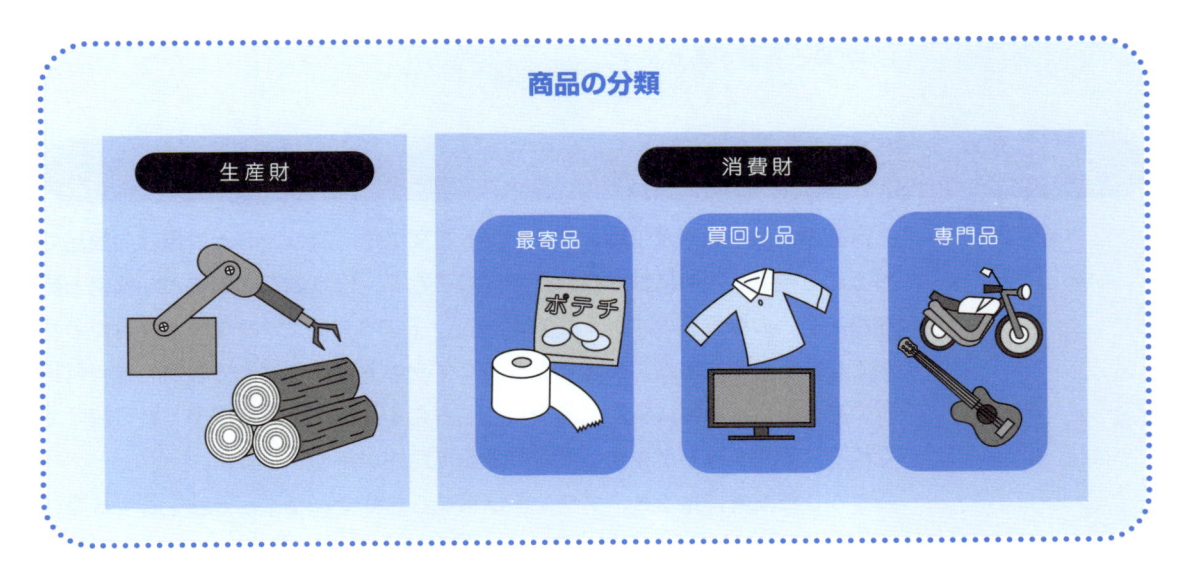

商品の分類

生産財

消費財

最寄品　買回り品　専門品

ポテチ

著者の
つぶやき 切手は多くの人にとって最寄品ですが、地方限定で発売されていた「ふるさと切手」をわざわざ買いにいく切手収集をしている人にとっては専門品に当たるので、このあたりの区別はケースバイケースです。

益を顧客にどう伝えるかは製品施策の重要なポイントです。たとえば口紅が油性成分や顔料、香料などから組成されていることをいくらアピールしても売上はほとんど増えないでしょう。なぜならば顧客の口紅に対するニーズは、唇にツヤを出したいとか、美しくなりたいといったものだからです。つまり商品の便益を単に成分構成とか化学式ではなく、顧客ニーズとの関係で具体化する必要があるわけです。それが商品の実体です。商品の実体には、品質自体だけでなく機能のアピールや、パッケージ、ネーミングも含まれます。

機能のアピールとしては、使用方法の詳細な説明や、複数の利用シーンの提示が考えられます。たとえば自動運転車や掃除ロボットのような新奇性の高い商品では、使用方法はもちろん、それを使うことでどのようなメリットが得られるかを伝える必要があります。あるいは重曹は、これまでもケーキをふくらませるときに使われていましたが、最近では環境に優しい掃除用品としてアピールすることも増えています。

パッケージはその商品のイメージを的確に伝える効果がありますが、注目を浴びるような奇抜なデザインにすることも考えられます。たとえば、パスタやパスタソースの包装はイタリアの国旗をイメージして赤、緑、白の三色が使われているものが多いですが、たくさんの商品が並んでいる売り場で目立たせるために、あえて違う色を使う場合も増えています。

ネーミングも商品イメージを確立し、知名度を高めるために重要です。顧客の興味を引くために一度聞いただけでは意味のわかりにくい商品名にすることや、逆にストレートに商品内容の特徴を表すものにする商品名にすることがあります。たとえばわかりやすいネーミングで知名度を高めたものに、エステー（エステー化学）のにおわない防虫剤「ムシューダ」や、小林製薬の喉の消毒薬「のどぬ〜る」があります。

ブランドで「お得意さま」を増やす

商品の実体という点では、ブランドも重要です。**ブランドとは自社の商品であることを示すためにつけられた名称のことで、日本語では商標とか銘柄と訳されます。**大塚製薬の「ポカリスエット」、トヨタの「クラウン」といった名称がこれに当たります。このような有名なブランドになれば、その知名度や信用力の高さから、顧客に新たに選択してもらえる可能性や二度三度と買い続けてくれるリピーターを増やすことができる可能性が高くなります。

こうした段階に至ると、ブランドは単なる名称ではなく、それを有する会社

著者の つぶやき 重曹には脱臭効果もあって、靴箱に入れてにおいを消すという使い方もあります。重曹を炭酸水素ナトリウムという化学名ではなくて家に一袋あると便利なエコグッズとアピールする方が売上は増えますよね。

にとって大きな価値をもたらすことになります。

エルメスやグッチといった「高級」ブランドだけが「ブランド」に当たるわけではありません。またブランドにはサントリーやパナソニックといった会社名自体も含まれますし、キットカットやウォークマンといった商品名も含まれます＊。

＊前者を企業ブランドやコーポレートブランド、後者を商品ブランドやプロダクトブランドということもあります。

● 企業にとってのブランドの価値

ブランドが有する価値は、以下の要素に分けて考えることができます。

第1は、知名度です。ブランドの知名度が高くなると、人々の記憶に残るだけでなく、実際にその商品を購入してもらえる可能性が高まります。その商品を好んでいる人だけでなく、「スナック菓子といえば⇒カルビーのポテトチップス」というように、とりあえず買ってもらえることも増えるからです。

第2は、顧客がそのブランドに対して抱く品質イメージである、知覚品質です。ブランドの知覚品質が高くなると、高品質⇔高価格というつながりから競合商品よりも高価格で販売することが可能になります。これは結果的に高い利益を企業にもたらすことになります。

第3は、顧客がそのブランドから思い浮かべるさまざまなイメージである、ブランド連想です。ブランド連想が増えればいろいろな切り口から、その商品を選んでくれる人が出てきます。たとえばトヨタのクラウンから、高級感、安定感、社会的な成功、心地よさといった連想が出てくることが多いとすれば、高級感を求める人だけでなく、安全性を求める人や、広い座席を求める人も購入してくれる可能性が高まります。

第4は、顧客の各ブランドに対する愛着度であるブランド・ロイヤルティです。ブランド・ロイヤルティが高まれば、顧客がそのブランドを継続的に選択し、リピーターになってくれる可能性が高まります。こうした状態になれば安定的な売上を上げることが容易になるので、失敗をあまり恐れることなく新商品を発売することも可能になります。

ところで原油や木材、小麦粉や羊毛のように大量生産、大量消費される生産財の多くは品質、機能や形態が均一化、安定化していて差別化が難しいですが、こうした状況にある商品をコモディティ商品といいます。差別化が難しいためにコモディティ商品は価格競争が進む傾向にあります。近年は各社の生産能力が向上して商品の品質などが安定的になったことから、こうしたコモディティ化が日用雑貨や家電製品といった消費財にも広がる傾向にあります。この結果生じる価格競争を回避するためにも、他社やライバル商品との差別化を可能にするブランド価値の向上が、企業にとって重要な課題となっています。

著者の
つぶやき　ブランドはまったく変わらないのに、商品の中身が変わることもあります。かつてコカコーラやキリンのラガービールの味が変わった時は、古くからのファンの反発が強かったようです。

● ブランドの展開

　企業が行うブランドの展開方法は、①ブランド名が既存のものか新たなものかと、②商品カテゴリーが会社はすでに参入済みか新規参入か、という軸で4つに分けることができます。

　ライン拡張とは、既存の商品カテゴリー内に既存のブランド名で新たな商品アイテムを追加することをいいます。スナック菓子の味の種類やペットボトル飲料のサイズを増やすように、すでに参入済みの商品カテゴリーで、既存のブランドで商品を増やすわけですから、低コストかつ低リスクであるという点がメリットです。

　ブランド拡張とは、既存のブランドで新たな商品カテゴリーに参入することで、成功したブランドの典型的な展開策です。たとえば花王の「サクセス」は男性用の育毛トニックとして知られるブランドですが、ヘアスタイリング剤や白髪かくし、ひげそり用ジェルといった別のカテゴリーにも「サクセス」ブランドの商品で新規参入しました。もっともあまりにも異質な商品カテゴリーに同じブランド名を付すと、ブランド力が拡散してかえってその力が損なわれてしまうこともありえます。

　マルチブランドとは、参入済みの商品カテゴリーに新たなブランドで商品アイテムを追加することです。価格帯や利用シーンなど異なるブランドを設けることで、違うセグメントへのアピールが容易になります。

　ブランド開発とは、新たな商品カテゴリーに新たなブランドで参入することです。企業がこれまで関与していなかったカテゴリーに新ブランドで一から新規参入するので、成功すればうまみは大きいですが、経営資源が分散することにより既存の製品ラインと共倒れになる点がリスクです。

ブランドの展開方法

		商品カテゴリー	
		既　存	新　規
ブランド名	既　存	ライン拡張	ブランド拡張
	新　規	マルチブランド	ブランド開発

著者のつぶやき 食品だけでなく衣料や家電まで幅広く扱うスーパーを総合スーパーといいますが、品揃えの幅は広いものの奥行が浅いために、私は「なんでも揃っているようで欲しいものがない」と感じることがあります。

売れるモノをつくるか、買ってくれるモノをつくるか

● 品揃えをどこまで増やすか

　たった1つの商品だけを作っているという企業は、ほとんど存在しません。なぜならその商品が他社との競争や技術革新によって売れなくなった時に、自社が受けるリスクが大きすぎるからです。そこでほとんどの企業は複数の商品を製造・販売することで、どれか1つの商品が売れなくなっても会社の受ける影響が大きくならないように、リスクを分散するわけです。

　ところで前章でとりあげた明治はチョコレートやスナック菓子、レトルトカレーといった商品カテゴリーを取り扱い、それぞれのカテゴリーで商品名や味、サイズなどの異なる複数商品を扱っています。一方で、石鹸や歯磨きといった日用雑貨は取り扱っていません。これはなぜでしょうか？　たくさんの商品アイテムを扱う理由は、ある商品の売上が大きく減少した場合でも他の商品で売上をカバーできる可能性が高まるからです。また菓子を中心に食品以外の商品をほとんど生産していない理由は、商品開発に関するノウハウや販売のための卸売・小売店とのコネクション、そして顧客への知名度といった今ある経営資源を有効活用するためです。

　このような取扱い商品の広がり、品揃えを製品ラインということがあります。製品ラインは図のように商品カテゴリーの幅の広さと商品アイテムの奥行きの深さで表すことができます。幅は取り扱っている商品カテゴリーの多少によって「広い⇔狭い」であらわされ、奥行きはカテゴリーの中の商品アイテムの多少によって「深い⇔浅い」であらわされます。

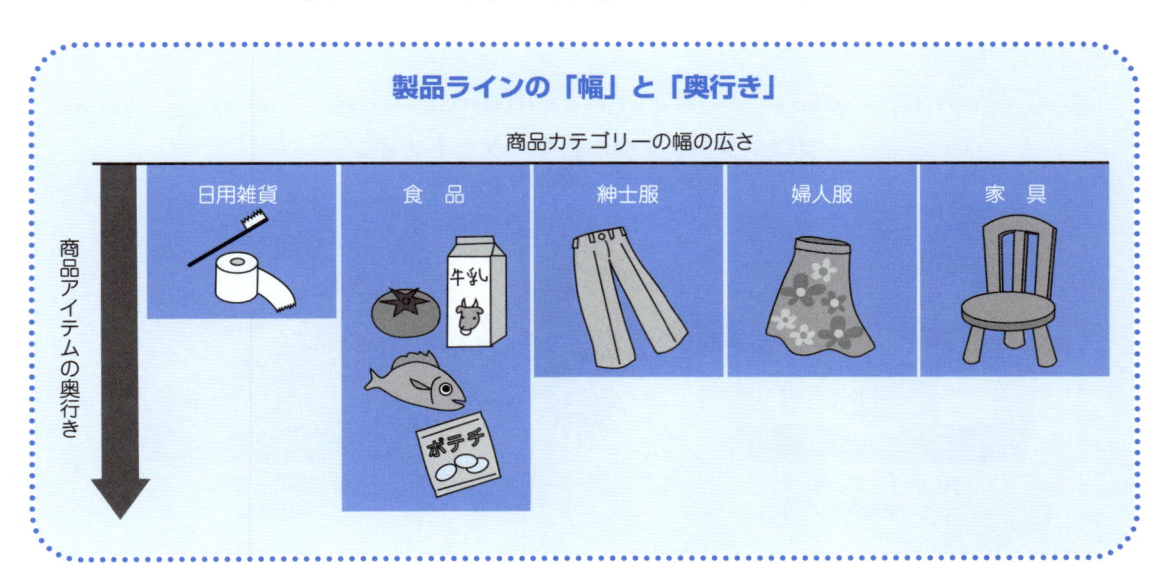

製品ラインの「幅」と「奥行き」

商品カテゴリーの幅の広さ

| 日用雑貨 | 食品 | 紳士服 | 婦人服 | 家具 |

商品アイテムの奥行き

● プロダクト・アウトとマーケット・イン

　製品施策ではどのような商品を生産し販売するかが重要な問題となりますが、商品開発には2つの方向性があります。

　1つは、自社が有する技術から生産する商品を決めていく方法で、**プロダクト・アウト**型の開発方式です。これは自社が持っているシーズ（種）を形のある商品に育て上げていくイメージです。

　もう1つは、アンケートなどの市場調査を通じて把握した顧客のニーズに沿った商品を生産し市場に投入していく方法で、**マーケット・イン**型の開発方式です。これは顧客のニーズを汲み取って商品の中に盛り込んでいくイメージです。

　両者はどちらが優れているというものではありません。技術がなければ商品をつくることはできないし、顧客が買ってくれる商品でなければつくる意味がありません。ただ近年は、市場の成熟化や顧客ニーズの多様化からセグメント・マーケティングが一般的になったことからわかるように、顧客ニーズにあったマーケット・イン型の商品開発の必要性が高まっています。

　デジタルカメラで技術力を単純に反映した画素数競争よりも、手ブレが気になるという顧客ニーズを盛り込んで手ブレ補正機能をアピールした商品が一気に売上を伸ばすようなことがその例です。

商品の一生——製品ライフサイクル

● 商品には売れる「旬」がある

　商品の売上には寿命があるので、継続的に新商品を開発・生産していかない

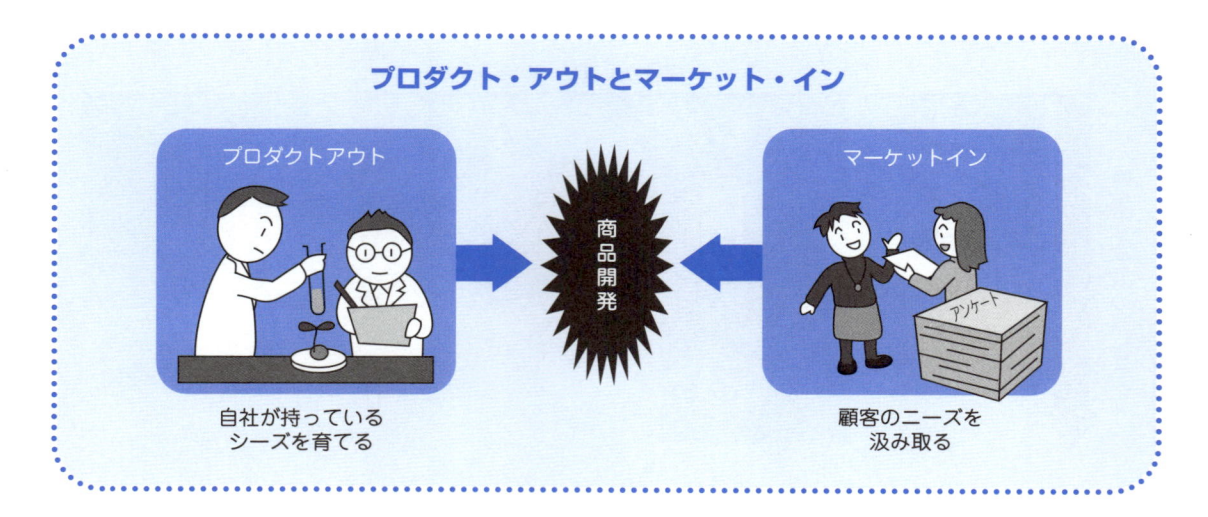

プロダクト・アウトとマーケット・イン

プロダクトアウト　　商品開発　　マーケットイン

アンケート

自社が持っている
シーズを育てる

顧客のニーズを
汲み取る

著者のつぶやき 衰退期ということばのニュアンスはよくないですが、ライバル企業が撤退をした結果、市場に残った企業が市場シェアを総取りできることもあります。人でいうと元気な高齢者というイメージでしょうか。

と、ある日突然、会社内に売上の高い商品がなくなってしまう危険があります。かつての人気商品の中にも、流行の変化や技術の進歩、他社のライバル商品によって売上が激減した例はたくさんあります。このような環境変化が起こっても会社全体での売上高が急減しないように、多くの会社は個々の商品売上の衰退期を予測して、その商品を改良して売上の寿命を延ばしたり、まったく新しい製品を開発したりしています。

　商品が誕生してから最終的に売れなくなって生産を終えるまでの推移を人の一生になぞらえて、「製品ライフサイクル」といいます。ライフサイクルは商品によって異なりますが、次の図のように商品の売上点数の推移で見ると、①新商品が開発されたがまだ売上の少ない導入期、②商品の認知度が増すにつれて売上が急成長する成長期、③商品の普及率が高まり売上の成長率が止まる成熟期、④流行の変化や技術革新による商品の陳腐化などにより売上が年々減少していく衰退期、の４期に分けることが一般的です。こうした製品ライフサイクルがあるので、会社は新商品を継続的に開発していく必要があるのです。

　なお製品ライフサイクルは、個別の商品アイテムについて考えることもできますし、フィルムカメラやデジタルカメラといった商品市場全体で考えることもできます。

● ライフサイクルごとのマーケティング活動

　ここでは製品ライフサイクルの図を用いて第２章や第３章の復習もしておきましょう。導入期では競合商品も少なく顧客ニーズも多様化していないことが多いので、市場を細分化するセグメンテーションの必要は高くありません。しかし成長期に入ると売上の急増とともに競合商品が増加し、顧客ニーズも多様

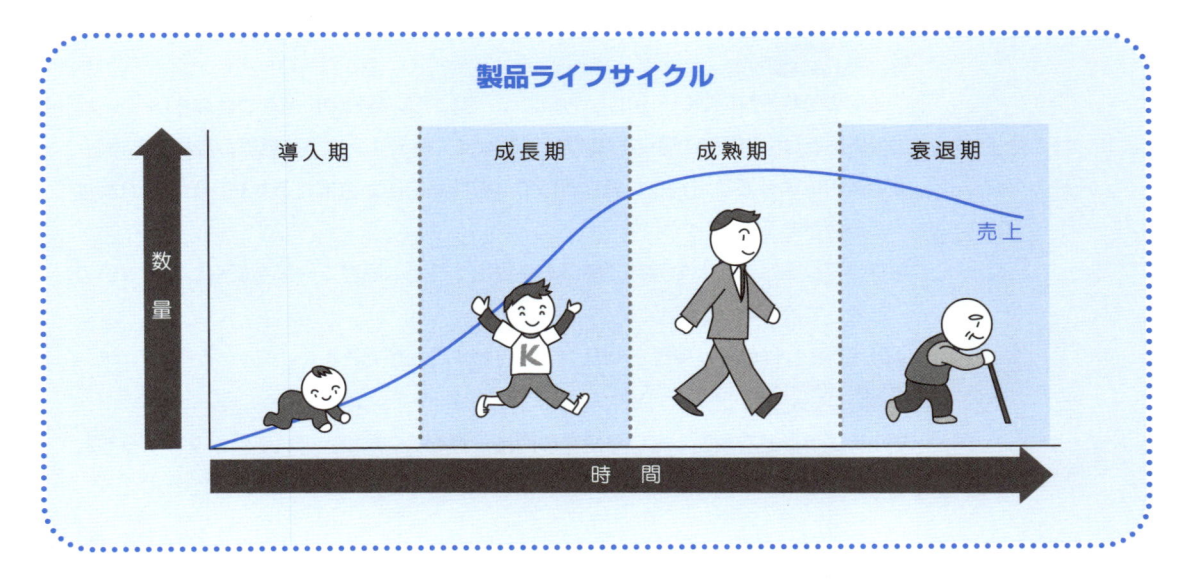

製品ライフサイクル

導入期　　成長期　　成熟期　　衰退期

数量　　時間　　売上

著者の
つぶやき　デジタルカメラの普及によるフィルムカメラ，携帯電話の普及による固定電話，音楽配信の普及による音楽CD
が，技術の進歩による売上低下の一例です。

化してくるので、市場を何らかの基準で細分化し、特定のセグメントにターゲットを絞ったマーケティングの必要性が高まります。成熟期には商品が顧客のもとに一渡りして売上を増やすことは容易ではありませんから、ターゲットに向けた商品のポジショニングを明確にして、買換え需要を喚起していく必要があります。性能や機能に大きな変化がなくても、定期的にモデルチェンジをすることで、既存の製品を「時代遅れ」と顧客に感じさせて買い替えを促すような計画的陳腐化が行われることもあります。

● 製品ライフサイクルは変えられる？

　PPMとの関係でいうと、成長期に売上シェアが高い「花形製品」だからといって、翌期には市場全体の売上がさらに伸びるのですから、高いシェアを維持し続けることは容易ではありません。逆に言うと、「問題児」が市場全体の売上増加のかなりの部分を獲得できれば、シェアが急上昇して「花形製品」に躍り出る可能性も十分にあるのです。また衰退期には、売上がしだいに減少していきますから「負け犬」になってしまった商品の将来性は明るくありません。一方でシェアの低い競合商品が次々に市場から撤退していくことで、「金のなる木」は売上シェアを総取りできる可能性が出てきます。残りものには福があるということわざどおりに、残存者利益が高まるわけです。

課　題

この章のテーマをさらに
深めるために

1　記述式

ある市場に参入する企業の数は製品ライフサイクルの、①導入期から成長期にかけて、②成熟期から衰退期にかけてどのように変化するか。①、②それぞれ30字以内で述べよ。

2　選択式

①～④のそれぞれについて正しいものに○、誤っているものに×をつけなさい。

①最寄品とは、消費者が手近な店舗で比較せずに購入するような低額の商品である。

②消費者によってこだわりが異なるので、専門品に何が含まれるかも、それぞれ異なる場合がある。

③プロダクト・アウトの発想で商品を生み出すことは顧客ニーズを反映していないので決して許されない。

④製品ラインは幅と、奥行きの２つであらわすことができる。

3　自由研究

マルチブランドを展開している企業の商品分野を例に挙げ、それぞれがターゲットとする顧客層の違いを指摘しなさい。

答えはp.150

流行

モノの
ひみつ

（はやり）

「見せ」ること、「魅せ」ること
「店」の目標

　商品の売上を増やすためには、メーカーが優れた商品を生産することも重要ですが、消費者に販売する店舗の役割も重要です。

　たとえば食品スーパーの入り口には野菜や果物売り場が並んでいることが多いですが、この理由の1つは、いろどりの豊富さや季節感を演出することで、来店客の購買意欲を刺激するためです。また売上の高い商品を棚に並べるとき

は、目にとまりやすい1mくらいの高さに並べることが定石です。倉庫のように商品を積み上げるだけでは、お客さんはなかなか買ってくれません。

　買い物のしやすさや楽しさをこころがけるのが優れた店舗になる秘訣です。店舗の「店」は「見せ」や「魅せ」に通じているのです。

プロダクト・アウトが技術に依存した商品づくりだとしたら、マーケット・インは顧客ニーズを反映した商品づくりなのね。受け手のことを考えるのって大事よね。

先週ゼミの発表で、調べてきたことをあれもこれも話してたらあっという間に時間がなくなっちゃったけど、あれは聞き手のことを考えてなかったからなんだな。

調べたことをすべて発表するのがプロダクト・アウト型で、聞き手が知りたいことを話すのがマーケット・イン型。たしかに当てはまりそうね。この次の発表では両方を取り入れてがんばらなくちゃ。

▼

さらなる
読書
のために

久保健治『ヒストリカル・ブランディング　脱コモディティ化の地域ブランド論』角川新書　2023年

代替可能で差別化が難しいコモディティ化がさまざまな商品・サービスで進む中で、その場所ならではの歴史的景観や地場産業を通じた観光のあり方を具体的に解説しています。

東洋経済新報社編『「会社四季報」業界地図2025年版』東洋経済新報社　2024年

著名企業の競争関係など業界ごとの概要を見開き2頁で紹介しています。就職活動にも役立つはずで、最新版が毎年発行されます。他の出版社からも類書が発行され、どれもおすすめです。

第5章 価格設定のマジックを知ろう

4つのP②Price〈価格〉

この章で学ぶこと
- ☐ 生産者視点のコストプラス、消費者視点の市場価格基準
- ☐ 価格に関する計算式（価格弾力性と損益分岐点）
- ☐ 市場の導入期における新商品の価格設定
- ☐ 安さを演出する価格、顧客の値ごろ感を意識した価格

私、前から不思議だったんだけど、スマートフォンって、なんで機種変更よりも新規契約のほうが安い場合があるのかしら？

そりゃ、新規契約ならお客さんを増やすことができるから、電話会社も必死なんだと思うよ。

それはそうだけど、今いるお客さんの方をより大事にすべきじゃないのかな。だとしたら、電話機の価格はむしろ機種変更の方が安くすべきだと思うけど。

既存のお客さんへのサービスは長年割引があるからいいんじゃないかな。安い本体価格で新しいお客さんを増やして、長く電話サービスを利用するほど使用料が安くなるから、お客さんはほかの電話に移りにくくなる。電話会社としてはいい作戦だと思うな。

なるほど。安く買いたいお客さんと、お客さんをつなぎとめたい電話会社のニーズが一致するのね。

そうだね。商品の価格設定は「安い高い」だけではなくて、このほかにもいろいろな仕掛けがあるんだよ。

低価格で販売点数を増やすか、高価格で儲けを増やすか

みなさんがフリーマーケットで自分の持ち物を売るとしたら、どのような価格をつけますか？　不要なものを処分するので安くても売れた方がいいという場合もあるでしょうが、高い値段で買ったものや愛着があるものなので安い値段では売りたくないという場合もあるでしょう。企業の場合も同様ですが、多くの場合、低価格では売りたくないというのが本音です。

● 価格を下げたらどれだけ売上が増えるのか？

企業が低価格を好まない理由の1つは、利益を損なうおそれが高いからです。低価格で販売すれば、商品の売上個数は増えることが多いでしょう。しかし商品1個あたりの利益が減少するはずだし、売れると信じてつくった商品を大幅に値引き販売していたのでは、企業イメージや商品のブランド力を損ないかねないからです。この点で価格施策は商品施策など他のマーケティング施策と大きく関係しています。

商品価格を安くしてもそれを大量に販売することで、商品1個当たりではなくその商品の売上全体で考えれば利益を拡大することができる方法もあります。これが薄利多売です。もっとも薄利多売が成功するには商品価格を下げることでどれだけ売上が増えるかを分析する必要があります。

このような、**価格変化が売上つまり需要量に与える変化率のことを「価格弾力性」**といいます。価格弾力性は「需要量の変化率÷価格の変化率」で計算することができます。通常、価格を下げれば需要量は増え、価格を上げれば需要量は減りますが、価格の変化率を上回って需要量が増える場合とそうでない場合があります。たとえば価格を5％引き下げたところ需要量が20％増えた場合は価格弾力性の絶対値は4.0、需要量が3％しか増えなかった場合は0.6となります*。そこで価格弾力性が1.0を上回る場合を弾力性が大きい、1.0を下回る場合を弾力性が小さいということがあります。

一般的にいえば食品や日用雑貨といった生活必需品は宝飾品などのぜいたく品と比較して価格弾力性が小さいのですが、タバコやビールのような嗜好品、ブランド力の高い商品のように顧客の愛着度が高くリピーターになりやすい商品も価格弾力性が小さくなる傾向があります。

● 価格競争を避けるには

企業が低価格を避けたいもう1つの理由は、**価格競争にはキリがない**からです。A社が値段を下げればライバルのB社はより値下げをして、それに対抗するためにA社はさらに値段を下げる……。価格競争は、結局どちらか一方が利益

*価格の上下と需要量の増減は反対方向に動くことが一般的ですから、そのまま価格弾力性を計算すると結果はマイナスの値となりますが、絶対値に置き換えることが一般的です。

を失って市場から撤退するまで徹底的・破滅的に行われかねません。

それでは価格競争を避けるためにはどのような方法があるでしょうか。企業間で談合してライバル関係にある商品の値段をともに高く維持したり、自社の商品を販売している卸売や小売企業に事前に決めた価格での販売を強制したりする方法は、独占禁止法をはじめとする法律に違反し、罰せられかねません*。

そこで価格競争を避けるためによく行われる方法は、ライバル商品とは異なる機能をつけたり、高品質にしたりといった価格以外の面で競争をすることです。価格をむやみにいじらないこと、これも重要な価格施策なのです。

＊独占禁止法については13章で解説します。

価格をどうやって決める？

● 売りたい価格か、買ってもらえる価格か？

商品の価格のつけ方のうちで単純なものは、生産に要した費用に商品1個について得たい利益を加えた合計額とするものです。生産に要した費用はさらに原材料や配送費といった商品の生産量に対して比例的にかかる変動費と、機械設備の減価償却費や人件費のように生産量にかかわらず、いわば初期投資のように固定的にかかる固定費とに分けることができます。このように費用を積み上げて販売価格を決定する方法をコストプラス法といいます。

なお、商品を何個売ったときにそれまでの赤字が一掃されて黒字に転換するかという観点から価格を設定する方法もあります。そのような赤字が黒字に変わる分かれ目を損益分岐点といいます。

損益分岐点は、固定費÷（価格－変動費）で計算できますが、図でそれを確認

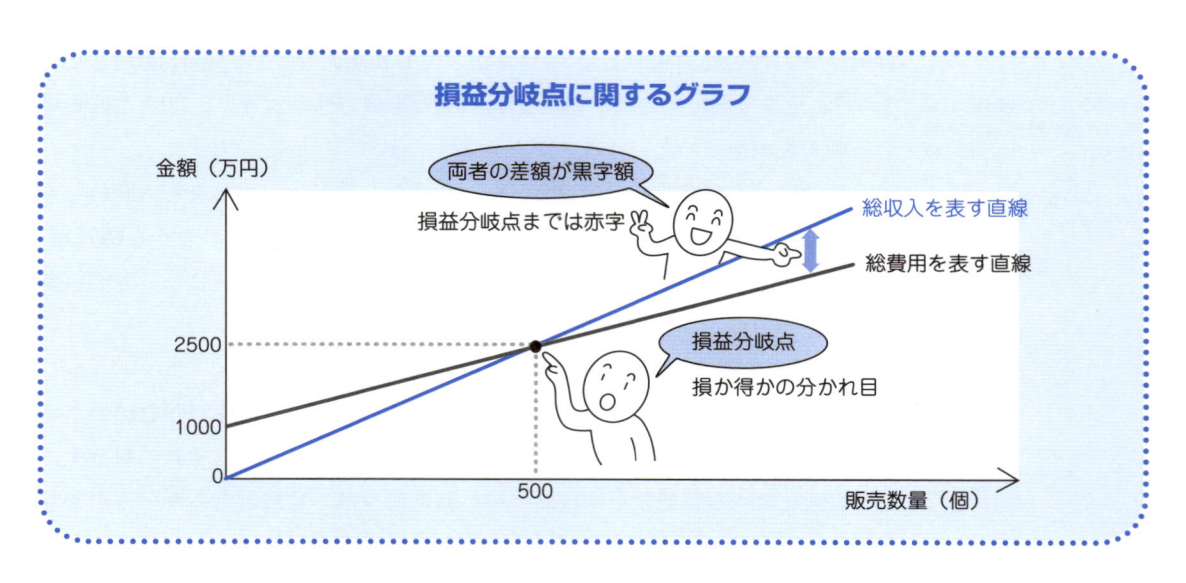

損益分岐点に関するグラフ

金額（万円）

両者の差額が黒字額

損益分岐点までは赤字

総収入を表す直線

総費用を表す直線

損益分岐点

損か得かの分かれ目

2500

1000

0

500

販売数量（個）

著者のつぶやき 国内航空運賃や缶ビールのように各社の販売価格が同様の場合もありますが、これは下位メーカーが上位メーカーに追随するなど「結果的に」同じ価格になったのであり、談合をしているわけではありません。

してみましょう。ある商品を生産するために1,000万円の固定費を要した上で、1個生産するごとに3万円の変動費がかかり、その販売価格を5万円とした場合の損益分岐点は1,000÷（5－3）＝500個ということになります。これは損益分岐点となる販売数量をx、そのときの販売金額をyとすると、要した費用に関するy＝3x＋1,000、得られる収入に関するy＝5xの連立方程式を解くことと同じです。

こうした価格設定は、顧客のニーズをふまえた買いたい値段ではなくて、**企業の売りたい値段で商品価格を設定する**という発想ですから、顧客がその価格を高いと感じて、商品がほとんど売れないおそれがあります。

そこで顧客ニーズや競合商品の価格設定といった市場の状況をもとに商品価格を設定する方法が今日では一般的であり、これを**市場価格基準法**といいます。この方法は**売りたい価格ではなくて、買ってもらえる価格に設定する**という発想です。

誰もがその商品を買ってくれるような状況ならばコストプラス法の発想だけで価格を設定することが容易ですが、現実には商品間の競争が激しいことが多いので、市場価格基準法の発想も取り入れて、売れる価格に落ち着くことが一般的です＊。これらは第4章で学んだ、プロダクト・アウトとマーケット・インの関係に似ています。

● 市場の導入期における新商品の価格設定

技術革新などで類似商品がほとんど存在しないような市場が生まれたばかりのような状況ではどのような価格設定をすることが有効でしょうか＊。

一般的には、競合商品がきわめて少ない新商品では、高価格をつけることが多いです。値段が高いと買ってくれる人は減りますが、目新しい新商品、優れ

＊例外的に鉄道や電気、ガスなどの公益的な産業はコストプラス法で販売価格を決定しています。しかしこれらの事業を監督する国土交通省などの官庁が価格設定の妥当性を厳しくチェックしています。

＊市場の導入期については第4章の「製品ライフサイクル」を参考にしてください。

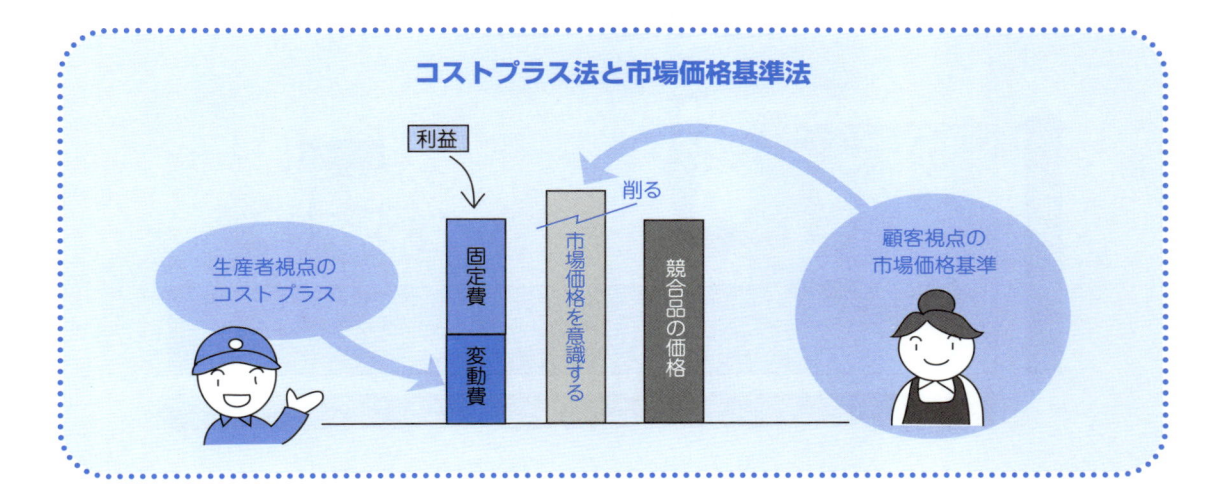

コストプラス法と市場価格基準法

利益 / 削る
生産者視点のコストプラス
固定費 / 変動費
市場価格を意識する
競合品の価格
顧客視点の市場価格基準

著者のつぶやき 持ち運びに便利な小型のノートパソコンの価格が一気に下がりましたが、これも製造コストの低下だけではなく、2台目のパソコンに支払える価格といった顧客視点が反映されていそうです。

た商品なら高くても買うという消費者も存在します。そうした顧客層をターゲットにして、新商品の誕生までに要した研究開発（Research & Development；R&Dということもあります）のコストを回収するのです。こうした価格設定は、高価格でも気にせずに購入してくれる一部の顧客を対象にしていることから、上澄み吸収価格とよばれます。薄型テレビやハイブリッドカーなど画期的な新技術を用いた商品の多くが発売当初に高価格なのがその一例です。

　もちろん発売当初は高価格だった画期的な新商品も、時間の経過につれて累積販売量が増加したことによる製造コストの低下や、競合商品の出現で価格が大幅に低下することが一般的です。

　一方で、やや例外的ですが、早い段階で思い切った低価格をつける場合もあります。製品ライフサイクルでいうと導入期から成長期にいたる段階では競合商品がだんだん増えてきます。このような段階で、圧倒的な低価格をつけることでそれまではその商品に関心が少なかった人々の購入意欲を刺激して、シェアを一気に拡大し、ライバル商品が追随できなくさせる方法です。このような価格設定は、低価格で購入者を拡大させることから、浸透価格とよばれます。発売当初のファミコンや比較的初期段階での電卓やデジタル式腕時計でこのような価格設定がなされたことがあります。

値段のつけ方あれこれ

● 安さを演出する価格設定

　多くの場合、企業は低価格を避けたいのが本音ですが、顧客にとって商品価

上澄み吸収価格と浸透価格

販売価格

高価格で初期費用を回収する
上澄み吸収価格

大特価

低価格で高い売上シェアを確保する
浸透価格

売上点数

著者のつぶやき 研究開発コストは多額になるため、規模の小さな会社では画期的な新商品を開発することは容易ではありません。そこで大企業が成功した商品をまねるフォロワー企業が存在するのです。

格は安いほど好ましいはずです。そこで会社は値段のつけ方を工夫して、顧客に「高くない」という値ごろ感をもってもらうことを考えます。

そのひとつが、298円や9,800円といった端数価格です。300円ではなくて298円という価格で値ごろ感を演出し、200円台で安いという印象を与えることを期待しているわけです。高級感をアピールする商品ではふさわしくない価格設定ですが、スーパーマーケットで売られているような日常的に買う商品でよく行われています。

また、寿司屋のように松・竹・梅と商品の品質や内容に応じて値段を変える段階価格も有効です。これは、高い「松」に比べて安いという値ごろ感や、最低価格の「梅」では格好悪いという見栄を利用して、中位の「竹」を買ってもらう作戦です。

さらに、かみそりやプリンターのように定期的に部品交換が必要な商品では、本体の価格を低くして、交換を要する変動部分の価格を高くする方法もあります。これを、とりこ価格といい、低価格で初回の商品購入を促しておいて、使用回数が進むうちに必要となる交換代金で利益を回収することが狙いです。毎月の使用料が必要となる携帯電話で、新規加入時の電話の本体価格を安くしているのも、とりこ価格の応用です。

価格自体の操作ではないですが、販売価格に応じたポイントやマイルを付与して安さを演出する方法もあります。これは次回の買い物でポイントやマイルを使用するために、顧客がリピーターになりやすいという点でも有効です。

あるいは月額定額制のようなサブスクリプションは、利用のたびに課金する従量制と比較して契約を続けてもらいやすいので、11章でも述べるように、顧客への提供ごとに要する変動費があまりかからない動画配信や電子書籍のようなデジタル財の販売を中心に広がっています。

これらはどれも、会社が利益を損なうほどの低価格をつけずに、安さや値ごろ感を演出する方法です。

● 顧客の「値ごろ感」に合わせた価格設定

値ごろ感という点では、慣習価格という方法もあります。観光地で売られている土産用の菓子は、商品内容によって8個入りとか12個入りとかいろいろありますが、価格は1,000円程度のものが多いです。これは家族や職場やサークルへの土産（義理土産も含みますが）は1,000円程度が適当だという消費者の値ごろ感に合わせたものだと言ってよいでしょう。同様に、学食のランチも500円以内のワンコインが目安になりますし、かつて自動販売機で売られる缶入り飲料は長い間100円でした。

著者のつぶやき 百貨店では一粒数百円もするチョコレートがよく売られています。これは手土産というよりも自分へのごほうびとして買われることが多いのでしょうから、慣習価格とは無縁の商品ですね。

例外的ではありますが、むしろ値段が高い方が売れる商品もあるのです。たとえば宝石や毛皮、伊勢海老やウニのように、高価だけれども品質の良し悪しが一見しただけではわかりにくい商品の場合は、低価格をつけると「安かろう、悪かろう」と誤解されて、かえって売上が伸びません。高級感が売りものになる商品では、低価格がかえってマイナスになるわけです。このような場合には威光価格や名声価格といわれる強気の価格設定がむしろ有効となります。

年末年始やオフシーズンなど、需要の変動に応じた弾力的な価格変更がダイナミックプライシングです。航空券やホテルなど、12章で述べるように需要と

供給のバランスを取ることが重要なサービス業で採用されることの多い方法です。

● まとめ買いを誘う価格設定

　企業が売上金額を増やすためには、顧客のまとめ買いを誘うことも有効です。単純な方法は1個で100円、4つで300円というような数量値引きや、各300円のA商品とB商品を同時に買うと500円というようなセット価格です。

　また、商品の仕入れ原価と販売価格の差額を粗利益とかマージンといいますが、スーパーマーケットやドラッグストアのように値引き販売を得意とする小売業は、販売価格に対する粗利益の割合である粗利益率の低い商品と粗利益率の高い商品を同時に販売していることが一般的です。このような商品ごとに粗利益率が異なる商品を組み合わせて販売することをマージンミックスといいます。たとえば牛乳1リットルパック100円（おひとり様1個限り）などという安売りは、原価割れギリギリの価格で販売する目玉商品で集客して、顧客が同時に他の商品も購入することを見越しているのです。

● High & LowとEDLP

　スーパーマーケットなど低価格販売をセールスポイントにする小売業の価格設定は2つの方法に大別することができます。

　1つがHigh & Lowです。これは日本のスーパーマーケットでよく行われている価格設定で、毎週末は特定商品の大安売りをするとか、1のつく日は100円均一の商品を増やすといった、通常の日の価格に対して特定の日は低価格で商品を販売する方法です。価格が低い日とそうでない日があるということからHigh & Lowと名づけられました。日本では新聞の折込みチラシが普及していて小まめな価格変更を商圏内の顧客に迅速に知らせられる点、店舗間競争が激しく目玉商品で集客する必要が高い点から普及しています。価格が低い日の集客が見込めるという点ではメリットがありますが、それ以外の日の客足が伸びにくいとか、値札の張り替えなど価格変更の手間がかかるデメリットもあります。

　もう1つが、EDLP（Every Day Low Price）といわれる、販売価格を一定水準として細かな価格変更を行わない方法です。世界最大の小売業であるウォルマートをはじめ欧米の低価格販売を売り物にする大手小売企業で普及している価格体系です。EDLPはこれまで日本ではあまり普及していなかったのですが、小売企業のオリジナル商品であるプライベートブランド（PBと略すこともあります）では、値引きをせずに常に一定の低価格販売をすることが一般的なので、こうした価格設定も浸透しつつあります。

課題

この章のテーマをさらに
深めるために

答えはp.150

1 記述式

A社は固定費が2億円、1個当たり変動費が3万円の商品の販売を計画している。

① 1個当たり8万円で販売した場合、損益分岐点となる販売個数はいくつか。そのときの累積販売金額はいくらか。

②損益分岐点が2,500個になるような販売価格はいくらか。

2 選択式

以下の①〜④の価格設定と関係の深いものを（ア）〜（オ）から1つずつ選びなさい。

①上澄み吸収価格　②浸透価格　③とりこ価格　④威光価格

（ア）安かろう悪かろうと思わせない

（イ）初期投資を回収する高価格設定

（ウ）定期的な部品交換が必要な商品に適している

（エ）シェア拡大をねらった圧倒的な低価格

（オ）固定費と変動費に利益を上乗せした価格設定

3 自由研究

学生が大学へ納める金額は初年度と2年次以降で異なることが多いが、これはなぜか。

流行モノのひみつ　流（はやり）行

何をアピールすれば売上高が増える？

売上高の分解

企業にとって重要な指標である売上高ですが、たとえば小売業の場合は、売上高はどのような数字の組み合わせに分解できるのでしょうか？はじめに、さまざまなマーケティング活動を忘れて、数式で考えてみましょう。

売上高＝のべ購入客数×客単価
　　　＝のべ購入客数×購入点数×商品単価

売上高は、期中ののべ購入客数と1回あたりの平均購入金額である客単価に分解でき、さらに客単価は、1回あたりの購入点数と、商品単価に分解できます。

ある食品スーパーの昨年6月、1ヶ月間ののべ購入客数が20,000人、買い物1回あたりの平均的な購入点数が10点、商品単価が200円であったとします。そして今年6月の売上高の目標を前年同月比で10％増と定め、その目標を達成するために月間セールの実施を決めました。過去のデータからセールによって購入点数は10％増え、商品単価が20％減少するとします。この目標の達成にはのべ購入客数が何名になればよいでしょうか。そしてそのためのマーケティング活動としては何がよいでしょうか。

この問題を計算すると、のべ購入客数を25,000人に増やす必要があり、そのためのマーケティング活動としては、チラシ広告の配布回数や配布地域を広げることなどが考えられます。

企業にとってのマーケティング活動は、このように売上目標の実現と密接な関係をもっています。正確な計算をして、そこから必要なマーケティング活動を類推することも重要です。

いつも使っているサブスクの音楽配信、
企業にとってもメリットがあるんだな。

顧客の値ごろ感を意識した価格設定か。利益を出し
つつお客さんに買ってもらうには工夫が必要なのね。

ところでこれ、先週行ったサークル合宿のお土産なんだ。
ゼミ終わったらみんなで食べよう。

あっ！　12個入りの温泉まんじゅう。
これって、もしかして1,000円？

うっ…うん。慣習価格だね。バレちゃった。たしかに、ひと箱1,000
円のお菓子をたくさん売っていたよ。こんどは6個入りのを2つ
買ってこようかな。

茶化してごめんね（笑）。
でも、市場価格基準と慣習価格
のイメージがつかめたわ。

さらなる
読書
のために

小川孔輔『「値づけ」の思考法』日本実業出版社　2019年

顧客の「財布の紐」を緩ませて儲かるために企業がとりうる秘訣について、ダイナミック
プライシングやサブスクリプションなど豊富な事例をわかりやすく紹介しています。

クリス・アンダーソン著/小林弘人・高橋則明訳
『フリー〈無料〉からお金を生み出す新戦略』NHK出版　2016年

インターネットをはじめとするデジタル技術の進歩で増えている無料ビジネスがどうし
て成り立つのか、多くの具体例を交えて解説しています。

第6章 なぜ、その店で売ってもらうのか

4つのP③Place〈流通チャネル〉

この章で学ぶこと
- ☐ 直接流通と比較した間接流通のメリット
- ☐ メーカーのチャネル施策の3形態
- ☐ メーカーが流通業者をコントロールするための建値制・リベート

 今日はデパートで季節限定のコスメセットを買いたいから先に帰るね。

 コスメって化粧品のこと？　そのためにわざわざデパートまで行くの？
ドラッグストアのほうが近くにあるし、いろんなメーカーの化粧品を見比べられて便利そうなのに。

 デパートにはドラッグストアでは売っていないブランドがあるの。
ブランドごとにブースがあって店員さんがアドバイスしながら試し塗りをしてくれるから、割高でも納得できるし、選ぶ楽しみがあるのよね。

 そういえば、ぼくの父さんも、新車を買うといって、休みのたびにあちこちの販売店に行ってるよ。販売店ごとに扱っている車種が限られているんだって。でも、なんで化粧品や新車は1つのお店でいろんなメーカーのものを販売してないんだろう？

 たしかに、ペットボトル飲料はあちこちのお店でいろんなメーカーのものを売っているのにね。商品どうしの競争を避ける意味があるのかな。

売ってもらう店をあちこちに広げるか、絞り込むか

みなさんがコンビニエンスストアでカップ麺を買うときのことを想像してみてください。いつも決まった商品を買う人もいるでしょうが、店で目にとまったものを買うので毎回のように違う商品を買うという人も多いでしょう。それはどこの店でも、カップ麺はたくさんのメーカー（生産者）の商品を並べて売っているから可能になることです。

ところが新しい自家用車を買う場合はこうはいきません。新車を取り扱っているほとんどの販売店では、どこか1社の自動車しか売っておらず、トヨタと日産とホンダの車を並べて売ってはいないからです。エルメスやルイ・ヴィトンといった海外の高級ブランド品も同様で、多くの場合はメーカーの直営店がそのブランドの商品だけを販売しています。

このように商品によって、たくさんの店で競うように並べて売っていたり、1社の商品しか売っていなかったりという違いがあるのはなぜでしょう？

それは**商品を生産するメーカーが、商品を販売してもらう流通業者を選んでいる**ことがあるからなのです。このような**売る場所（Place）にかかわるマーケティング**を流通チャネル施策といいます。Placeとは、販売の「場所」の意味ですが、商品の流通や販売の経路（英語でチャネルという）のことを指すために、流通チャネルということが一般的です。

なお、流通業者は小売業と卸売業に分かれます。小売業とは商品を個人消費者に販売する事業者のことをいい、卸売業とは仕入れた商品を他の事業者に販売する事業者のことをいいます。また、生産財を扱う卸売業や海外取引を行う卸売業のことをとくに商社ということもあります。

● なぜメーカーは消費者に直接販売しないのか？

観光地に行くと生産者である農家が農産物を直接販売していることがあります。また、通信販売で直接消費者に販売するパソコンメーカーも存在します。このように生産者が商品を最終的に利用するユーザーに直接商品を販売することを**直接流通**＊といいます。

＊航空会社が旅行代理店を介せずに航空券を直接販売するように、eコマースによって直接流通が盛んになった分野もあります。

しかしメーカーの多くは、商品を最終ユーザーに直接販売するのではなく、卸売業者や小売業者といった流通業者を介して販売しています。このような販売形態を**間接流通**といいます。

間接流通が一般的である理由の1つは、**取引数を削減する**ことができるからです。私たち消費者は食品、衣服、家庭電化製品……たくさんの商品を購入する必要がありますし、購入に際しては複数メーカーの商品を比較したいと考え

ることが一般的ですが、そうした買物でいちいち個々のメーカーに立ち寄るのではキリがありません。またメーカーも個人の小ロットの買物の相手をするのでは費用がかさんでしまいます。そこで下の図のように生産者と消費者の間に流通業者を介することで、取引回数を削減するわけです。

　もう1つの理由は、生産者は消費者の購入に先立って商品生産をすることが一般的ですが、流通業者が前もって商品を買い取ってくれれば生産者は売れ残りリスクを恐れずに生産活動を続けることができるからです。これを、**不確実性をプールする**ということがあります。

　さらに他の理由として、流通業者が複数の生産者の商品を取り扱うことで、消費者は商品の比較をすることが容易になりますし、生産者にとってもライバル商品と比べた自社商品の売れ行きや評判を知ることが容易になることもあげられます。流通業者は生産者や消費者に対して中立的な立場で情報を取り扱うことができます。このように**情報を集約・縮約する**機能も流通業者の存在意義を高めています。

　なお、これら3つの機能は、メーカーと小売業の間に卸売業が介在する理由としても、同じように当てはまります。

● 流通業界の現状

　こうしたメリットを提供している流通業者ですが、日本では近年、小売業や卸売業の企業数は減少が続いています＊。それは、これら流通業者の役割が不

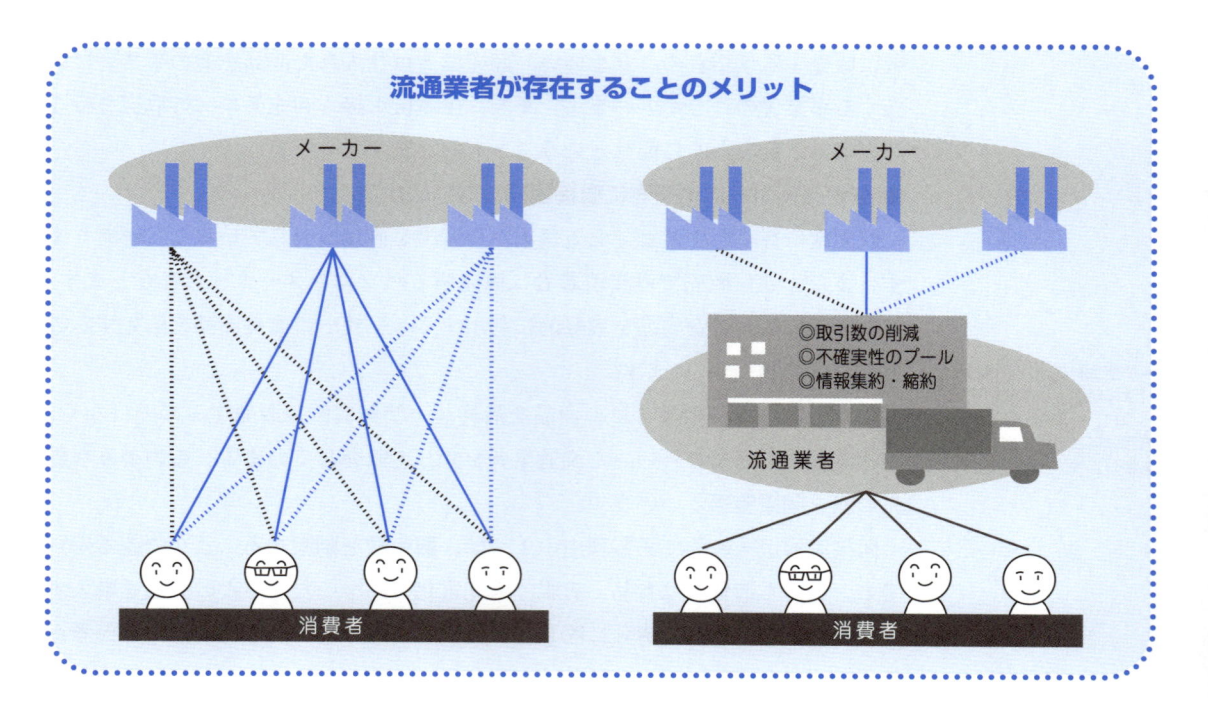

流通業者が存在することのメリット

メーカー　　　　　　　　　　メーカー

◎取引数の削減
◎不確実性のプール
◎情報集約・縮約

流通業者

消費者　　　　　　　　　　消費者

著者のつぶやき　取引先から得た情報を何でも他社に伝えていいわけではありません。取引先ごとや事業部門ごとに情報を遮断することを、ファイヤーウォール（直訳すると防火壁）ということがあります。

要ということではなくて、小規模零細な事業者が淘汰されているからです。その理由としては大手小売業を利用する消費者が増えたことや、大手小売業が取引をする卸売を大手中心に集約していること、小規模店舗の後継者が不足していることがあげられます。小規模店舗の多くは、取扱商品が薬、靴、青果などと商品別に細分化されており、それぞれ薬局、靴屋、八百屋などとよばれますが、このように取扱商品で流通業者を分類することを業種で分類するといいます。一方、近年増加している店舗は、コンビニエンスストアやホームセンターのように取扱商品があまり細分化されていないことが一般的です。コンビニエンスはいつでも開いているという利便性を提供しており、ホームセンターは主に郊外の大型店舗で衣食住にわたる幅広い品ぞろえを低価格で販売しています。このように売り方、販売する形態で流通業者を分類することを業態で分類するといいます。

　近年は小規模の業種店舗が減少し、比較的規模の大きな企業による業態店舗が増加しているのです。もっとも大手小売業の中でも百貨店は地方店舗をはじめとする不採算店舗の閉鎖により店舗数は減少しています。また食料品、日用品から衣料品、電化製品まで幅広くそろえる総合スーパーの多くは、食料品以外の売上があまり順調だとはいえません。

　ドラッグストアやホームセンターは全国の店舗の総面積は増えていますが、その増加率ほどには売上高は増えていません。単位面積当たりの売上高を示す指標である売場生産性は低迷しているのです。この理由としては、こうした業態が大型店舗の郊外への出店を積極化していることや、店舗数が増えた結果として店舗間競争が激化していることが挙げられます。

メーカーの流通チャネル施策と近年の変化

● 商品の特徴に応じた3つのチャネル施策

　それではメーカーは自社商品を販売してもらう小売業や商品流通の仲介をする卸売業をどのように選んでいるのでしょうか。

　流通チャネル施策には大きく分けて3つの方法があります。

　まず、食料品や日用雑貨のような低額の商品*では開放的チャネル施策がとられることが多いです。これはメーカーが自社商品の販売について、商品の販売先を選別することなく広く開放してどの小売店でも販売できるようにするものです。言い換えると、自社商品を販売してくれる小売店であれば、どこにでも商品を供給するというものです。この方法では、自社商品が多数の小売店で

＊第4章で説明した最寄品がこれに当たります。

販売されるので、私たち消費者の目にとまりやすく売上の拡大にもつながりやすいというメリットがあります。一方、小売店に自社商品の販売を優先してもらうような融通はきかせにくく、ライバル企業の商品と並べて販売されるので、価格競争に巻き込まれやすいというデメリットもあります。

次にこの対極にあるのが、**新車や高級服飾ブランドのような高額の商品で行われることの多い、専属的チャネル***施策です。これはメーカーが一定の地域ごとに卸売や小売店を厳選し、専売店としてその地域での自社商品の独占的販売権を与える代わりに、その店が自社以外の商品を販売することを認めないものです。また、メーカーが自ら直営店舗を運営する場合もこれに当たります。この方法では、開放的チャネルの場合と比べてメーカーが卸売や小売店をコントロールすることが容易になるので、価格設定や販売方法などでメーカーの融通がきくというメリットがあります。一方、自社商品の販売店が少ないので、知名度が高くないと消費者の目にとまる機会が乏しくなるおそれがある点、ディスカウントストアが海外から並行輸入した有名ブランドの商品を販売しているように商品供給を完全にコントロールすることは困難である点がデメリットです。これらの2つのチャネル戦略を比較すると図のようになります。

そして両者の中間的な方法が、**化粧品や高品質の衣料品など比較的高額な商品で用いられることの多い、選択的チャネル**施策です。これはメーカーが自社商品の取り扱いに協力的な販売店やブランドイメージにふさわしい販売店を選別して、そこに優先的に商品を供給するものです。

＊排他的チャネルということもあります。

開放的チャネルと専属的チャネル

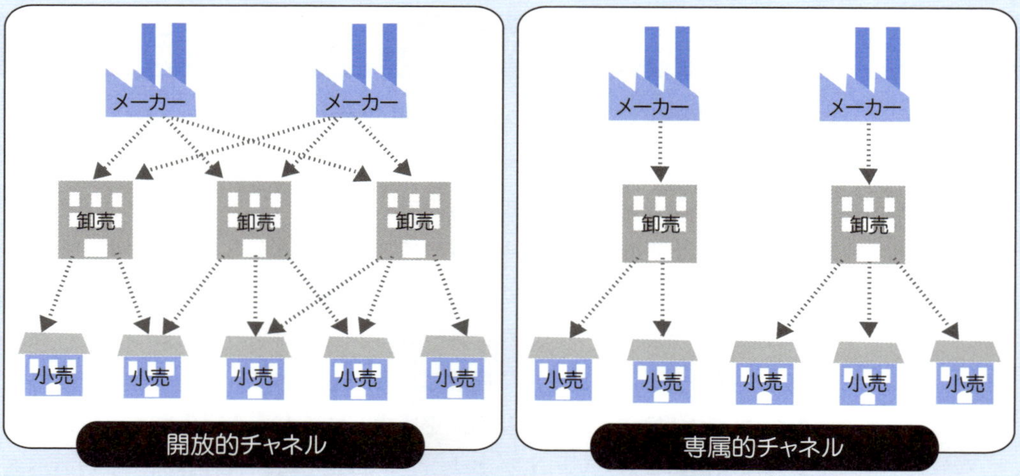

| 開放的チャネル | 専属的チャネル |

著者のつぶやき 最寄品でも、商品の希少性を高めたり、小売店の販売意欲を向上させたりするために、コンビニエンスストア限定とか北海道限定というように、あえて流通先を絞る場合もあります。

　商品の流通ルートは、川の流れになぞらえて、メーカー側を川上、卸売・小売と進むにしたがって川下ということがあります。メーカーが川下サイドを管理するこれら3つのチャネル施策は、どれが最適というものではなくて、それぞれ一長一短があります。たとえば自動車メーカーは安全性や乗り心地など細かな説明をするために専属的チャネルを採用することが多いのですが、もし製品の欠陥が明らかになれば、そのメーカーの販売店を訪れる人がとだえて売上が激減するかもしれません。こうしたリスクは、販売先を厳選しているために商品が買い手の目にとまりにくいという点で、開放的チャネルの場合よりも高くなります。

● メーカーによる流通業者のコントロール方法

　ではメーカーはこれらのチャネル施策をとるために、流通業者をどのようにコントロールしているのでしょうか*。その代表的なツールとも言うべき取引制度が、建値制とリベートです。

*メーカーによる流通業者の
コントロールを流通系列化と
いいます。

　建値制とは、メーカーが自社商品を扱う流通業者が適正利潤を得られるようにすることを目的に、卸売の小売への納入価格、小売の消費者への希望小売価格を提示するものです。本来ならば、メーカーが卸売に対する販売価格である出荷価格を自ら決定するのは当然であるとしても、卸売や小売の販売価格にまで口を出すのは余計なお世話という気がします。しかし、メーカーが自社商品の価格競争を避けるとともに、自社商品を取り扱ってくれている流通業者の利益を確保することを目的に、メーカーとしての取り扱い価格の推奨をしているのです。

　またリベートとは、メーカーが卸売や小売の販売実績に対して支払う報奨金やキックバック、割戻のことをいいます。メーカーの流通業者に対する発言

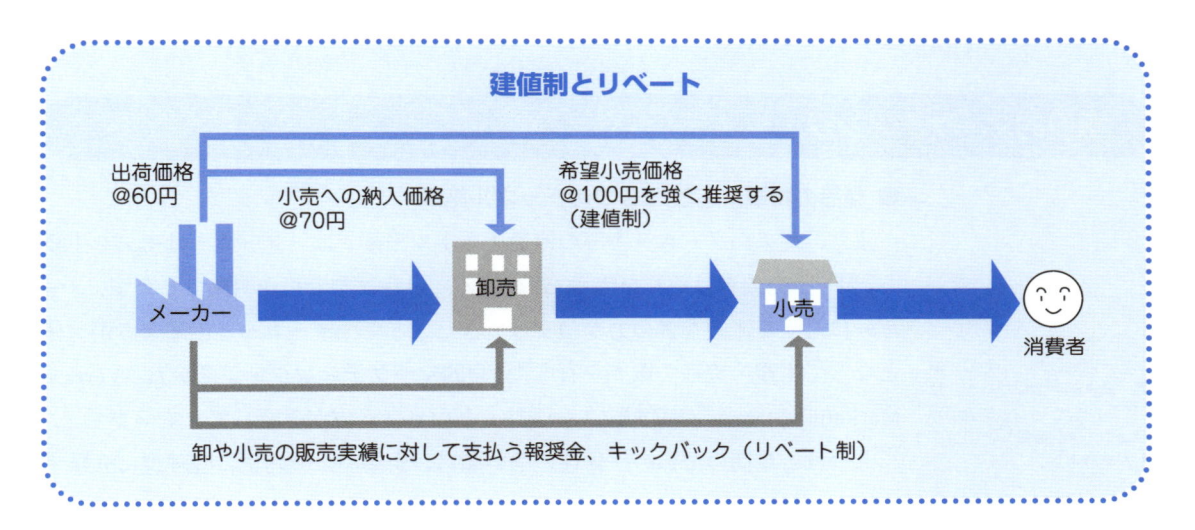

建値制とリベート

出荷価格
@60円

小売への納入価格
@70円

希望小売価格
@100円を強く推奨する
（建値制）

メーカー　　卸売　　小売　　消費者

卸や小売の販売実績に対して支払う報奨金、キックバック（リベート制）

著者のつぶやき　小売の安売り防止と利益確保を意図したはずの希望小売価格が、「メーカー希望小売価格の○割引」という価格競争に利用されていることを嫌って、オープン価格を採用するメーカーが増えています。

力が強かったときは、建値制とリベートは、いわばアメとムチのような役割をしていました。これらの取引制度を通じてメーカーは流通業者が利益を確保できるようにする見返りに自社商品の値崩れ防止や、流通業者による自社商品の積極的な販売を意図していたのです。

● パワーシフトによる変化

ところが近年、スーパーマーケットやドラッグストア、家電量販店といった多くの分野で大規模な小売業が増えています。その結果、小売市場に占める大企業の売上シェアが上昇し、メーカーや卸売企業に対する価格交渉力（バイイングパワーともいいます）が増しています。大手小売業の大量の仕入れ能力を川上サイドは無視できなくなったからです。このような状態を、**メーカー・生産者から小売業者へのパワーシフト**ということがあります。消費市場が成熟化し、消費者ニーズの多様化によってありきたりの商品が売れなくなったこともメーカーから小売業へのパワーシフトを加速させています。

この結果、メーカーが建値制やリベートを利用して流通業者をコントロールすることは容易ではなくなってきて、こうした取引制度を積極的には利用しないメーカーも増えてきました。建値制のもとで定めていた**希望小売価格の明示をやめて、オープン価格に移行する**メーカーがその一例です。

先に述べた3つのチャネル施策にも変化がみられます。価格競争を回避するために、従来は百貨店や専門店を中心とする専属的チャネルや選択的チャネルを好んでいた化粧品メーカーは、近年はドラッグストアの販売力を無視することができなくなったので、比較的低価格の化粧品については開放的チャネルをとって多数の小売店に供給するようになっています。こうしたメーカーから小売業へのパワーシフトや消費者のニーズ多様化の結果、専属的チャネルや選択的チャネルよりも開放的チャネルが増加する傾向にあります。

垂直的マーケティング・システム

● 商品の特徴に応じた3つのチャネル施策

また、従来のメーカー主導の流通チャネル施策では、メーカーはモノを生産し、卸・小売業者はそれを流通・販売するという役割分担が明確でしたが、メーカーに対する流通業者の力が強まってきたことで、メーカーと流通業者が一体となって生産・流通・販売を行う*垂直的マーケティング・システム（Vertical Marketing System；VMSともいいます）という考え方が普及してきています。

これは企業間の関係の一体性の強い順に、企業型、契約型、管理型に分類す

＊メーカー、卸、小売の一体的・統合的なつながりを、サプライチェーン（Supply Chain：供給連鎖）ということがあります。

 著者のつぶやき　ネット通販は実物を見られないという不安はありますが、家にいながら買い物ができることや価格比較が容易なことを考えると、私たち消費者にとっては便利な小売チャネルといってよいでしょう。

ることができます。

● **企業型**

　企業型の垂直的マーケティング・システムは、生産から販売に至るサプライチェーンを単独の資本や組織で行うものです。高級ブランドメーカーが小売部門を直営化しているものや、ユニクロのような製造小売業（SPAということもあります）が製造から小売までを一貫して行っているものが、これに当たります。

　1つの企業組織がサプライチェーンのすべてを行うためには豊富な経営資源が必要となりますが、統合的な活動によりコスト面での効率化や顧客ニーズへの迅速な対応が見込めるというメリットがあります。

流行 モノのひみつ はやり

コンビニのお店の経営者はだれ？
チェーンストアの3分類

　私たちにとって身近なコンビニエンスストアですが、コンビニ店舗の経営者は誰でしょう？あるいは近くのドラッグストア店舗の経営者は誰でしょう？

　今日、大規模な小売店舗はチェーンストア形態をとることが増えています。チェーンストアとは、1つの会社が複数の店舗を運営する形態の小売業のことをいいます。多くの場合は、本部が各店舗の仕入れを一括して発注するため、個々の店舗が行うよりも仕入価格を引き下げることができるうえ、また各店舗の運営方法（たとえば陳列レイアウトや従業員の接客マニュアルや広告宣伝など）もかなりの部分で共通することもできるので、低コストでの事業運営が可能となります。

　このようなメリットがあるのでチェーンストアは増加傾向にあるのですが、店舗と本部の資本関係でさらに3つに分類できます。第1が本部と店舗の資本が同一のレギュラー・チェーンです。つまり本部の経営者が店舗の経営者でもあり、店長のような店舗の責任者は本部を運営する会社の従業員ということになります。

　第2が本部と店舗の資本が異なるもので、本部が定める営業方針や手数料の支払い条件などに同意する経営者が加盟店として各店舗を運営するフランチャイズ・チェーンです。これはコンビニエンスストアやファストフード、レンタルビデオショップなどに多い運営形態で、本部の経営者と異なる人物が各店舗の経営者ということになります。複数の店舗を運営するには多額の資金が必要ですから、経営ノウハウはあるけれども資金力に乏しい本部企業が加盟店を募ることで、各店舗の経営者と利益を分け合うビジネスモデルです。

　第3がいくつかの独立した小売企業が、共同で出資して仕入れをまとめて行う本部を設けたり、卸売企業が取引先の小売企業を組織化して自らが共同仕入れの本部の役割を担ったりするボランタリー・チェーンです。この場合も本部と小売企業の経営者は異なることが一般的です。

　本部の店舗に対する支配力は、緩やかな結合体であるボランタリー・チェーンでは弱く、本部の加盟店に対する経営指導が積極的に行われるフランチャイズ・チェーン、店舗の運営者が本部組織の従業員であるレギュラー・チェーンでは強くなります。

● 契約型

　契約型の垂直的マーケティング・システムは、独立した複数の企業があらかじめ合意した一定の契約条件に基づいて、生産・卸売・小売といった活動を一体的に行うものです。運営本部と加盟店が別組織となるコンビニエンスストアでよくみられるフランチャイズ契約がこれに当たります。

● 管理型

　資本関係や包括的な契約関係はないが、チャネルリーダーとよばれるサプライチェーンの中で強固な力を有する企業の主導で、他の部門の企業が緩やかに統合されているものです。

　従来のサプライチェーンの関係は誰がより多くの利益を獲得するかという点で、かつてはメーカーの力が強く、次第に小売業の力が強まってきたというように、対立的な関係にあることが少なくありませんでした。しかし近年はこれら垂直的マーケティング・システムの考え方を取り入れて、協働的な関係が模索されるようになってきています。

課　題

この章のテーマをさらに
深めるために

1　記述式

メーカーから小売業へのパワーシフトが進んでいる理由を「上位集中化」ということばを用いて60字以内で述べなさい。

2　選択式

次の（ア）～（エ）のうち正しいものの組み合わせを①～④から1つ選びなさい。

（ア）生産者と消費者の間に流通業者が介在する間接流通は、商品価格が上昇するだけでメリットはない。

（イ）開放的チャネルと専属的チャネルの違いの1つは、流通業者が複数メーカーの商品を同時に取り扱えるか否かである。

（ウ）流通業者へのリベートの提供をやめたメーカーの商品は、つねにオープン価格に移行することになる。

（エ）中小小売店の店舗数が減少していることの理由のひとつは後継者不足である。

　①（ア）と（イ）　②（ウ）と（エ）
　③（ア）と（ウ）　④（イ）と（エ）

3　自由研究

あなたがチェーンストアを運営するとしたらどのような経営形態を採用しますか。その理由をチェーンストアそれぞれの特徴を踏まえて考えてください。

答えはp.150

特定メーカーの商品しか売っていない化粧品店と、いろんなメーカーの化粧品を売っているドラッグストアがあるのは、ドラッグストアが力をつけてきたからなのね。

メーカーから小売へのパワーシフトっていうのは、ぼくたち消費者にとってもメリットがあることみたいだね。

小売店の競争が進むと安く買い物できるしね。

コンビニエンスストアでそのチェーン独自のオリジナル商品が増えているのはメーカーサイドとの協働的な関係が増えているからなのかな。

そうだね。力をつけたコンビニエンスストアは、メーカーに対して低価格の仕入れとか高頻度の配送といった交渉力を強めるだけじゃなくて、企業間の関係を深めている。
たとえば両者のコラボレーションが成功すれば、小売にとっては競合店にはないオリジナル商品の販売、メーカーにとっては開発した商品の大量生産というメリットが双方に生まれることになるんだよ。

さらなる 読 書 のために

原田英生・向山雅夫・渡辺達朗『ベーシック流通と商業〔第3版〕』
有斐閣　2021年

小売業態が多様化した理由や、流通の国際化の影響など、たいへん平易に書かれています。私が「流通論」を講義するときはこれを教科書にしています。

北中英明『はじめての営業学』弘文堂　2022年

メーカーが自社商品を流通業者に販売してもらうために行うような営業もマーケティング活動の一つです。皆さんが就職したら担当するかもしれない営業とはどういうものかを知ることができる1冊です。

第7章 テレビ広告か、折り込みチラシか

4つのP④Promotion〈販売促進〉

この章で学ぶこと
- ☐ 販売促進の分類の視点
- ☐ メディアごとの広告の特徴
- ☐ プッシュ型施策とプル型施策

僕は広告代理店に就職したいんだ。華やかな感じでカッコよさそうだし、せっかくゼミでマーケティングの勉強をしているしね。

ふ〜ん。でも広告代理店って具体的には何をしているの？

え〜っと、何だろう。テレビコマーシャルの企画を考えたり、広告を出してくれる企業を探したり、かな。

広告代理店の仕事は幅広いけど、たとえばその1つにはテレビ局や新聞社、雑誌社の広告枠を、広告を出したい企業に仲介する役割もあるんだよ。

モノの取引でいうと、メーカーと小売業の間を仲介する卸売業の役割に似ていますね。

そのとおり。

よくテレビのニュースで、メーカーの新商品が紹介されていることがあるけど、あれも広告なんですか？

いや、それも広告と同じように消費者の購入意欲を刺激する効果はあるけど、パブリシティといって、広告とは違う特徴もあるんだ。それから、スーパーマーケットの折込みチラシや試食販売も、消費者の購入意欲の刺激という点では似ているけど違う面もあるんだ。

買いたくなるような刺激づくり

　テレビを見ているといろいろなコマーシャルが流れています。これは会社が自分たちで取り扱っている商品の売上を増やすために行う活動で、販売促進（Promotion）といわれる活動の１つです。販売促進活動は企業が顧客に対して行うコミュニケーション手段といってよいでしょう。

　テレビコマーシャルは私たちがふだん最もよく目にする広告という販売促進の１つですが、同じようにテレビで放映されるけれどもコマーシャルではなく、ニュースや番組自体で紹介されるパブリシティという形態もあります。またテレビや雑誌などのマスメディア*ではなく、商品を販売している店舗で行われる販売促進活動もあります。スーパーマーケットで商品を大量陳列したり、おまけをつけて目立たせたりするのがその一例ですが、これらはセールスプロモーション（SP）とよばれます。またデパートなどで販売員が接客をする販売員活動も販売促進活動ですし、クチコミも人を介して商品の売れ行きが左右されるという点では似ています。

*マス（大衆）に情報を伝えるメディア（媒体）のことで、テレビ、新聞、雑誌、ラジオがそれにあたります。

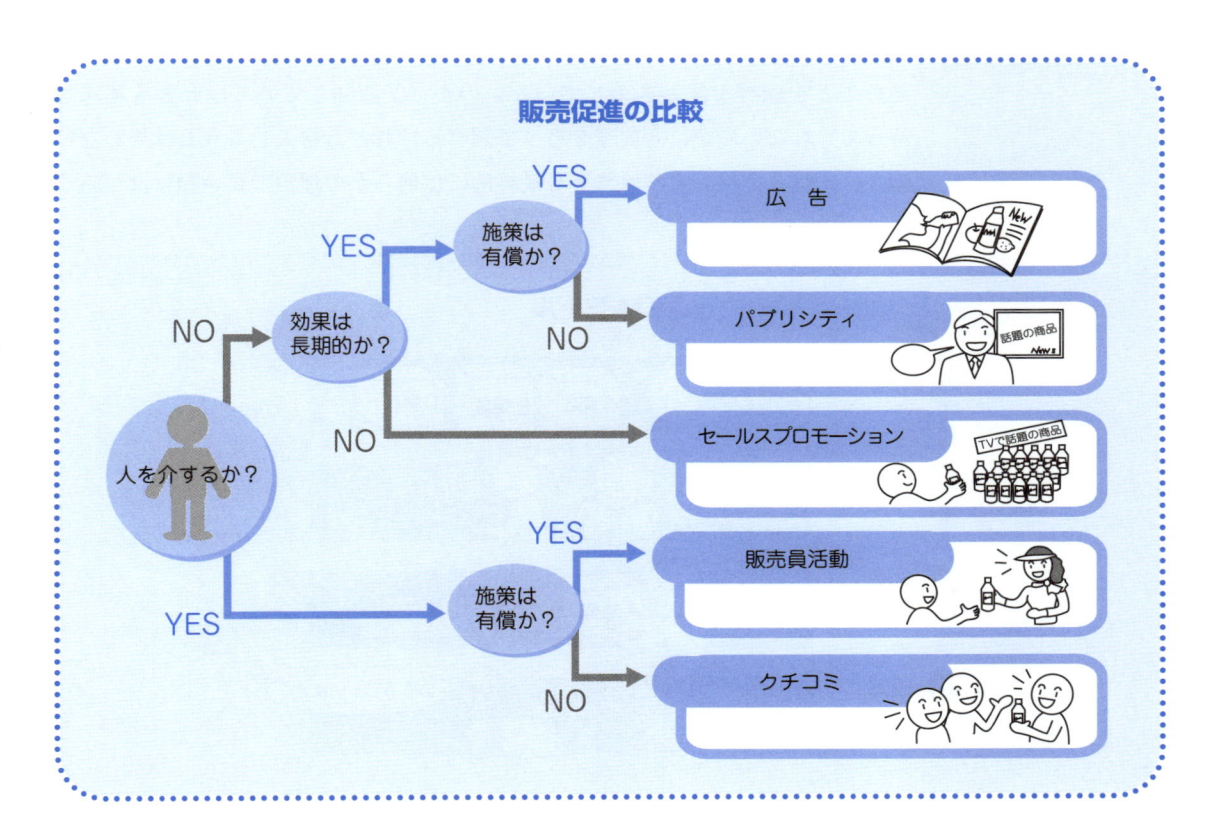

販売促進の比較

人を介するか？
- NO → 効果は長期的か？
  - YES → 施策は有償か？
    - YES → 広告
    - NO → パブリシティ
  - NO → セールスプロモーション
- YES → 施策は有償か？
  - YES → 販売員活動
  - NO → クチコミ

著者のつぶやき Promotionには昇給、昇格という意味もありますが、ここでは販売促進という意味です。また広い意味でのプロモーションと、その一部分を指すセールスプロモーションとがあるので注意してください。

これらの販売促進施策は、消費者に情報を提供することで買いたい気持ちになってもらうという点は共通していますが、このあと説明するようないくつかの相違点があります。**どの販売促進活動が商品の売上を増やすのに最も適しているかは、いつの時点の売上を増やしたいかや、販売する商品の性質によって異なる**のです。

● AIDAモデル

　販売促進施策を考える際に参考になる概念として、コミュニケーションに対する消費者の反応プロセスをモデル化したAIDA（アイーダ）モデルがあります。**AIDAモデルとは、消費者の反応が①Attention（注目）⇒②Interest（興味・関心）⇒③Desire（欲求）⇒④Action（行動）の順で生じることを示す**概念であり、それぞれの反応の頭文字から名付けられました。「注目」とは、消費者が広告などの外部の刺激に対してその商品の存在を認知する段階です。「興味・関心」とは、認知した商品群のうちからいくつかの商品に絞って情報を詳しく調べる段階です。次の「欲求」とは、関心をもった商品の購入を積極的に検討する段階です。最後の「行動」とは、購入の意思決定をして実際に買い物をする段階です。

　会社がプロモーション施策を検討する際には、自社商品に対して消費者がどのプロセスまで至っているのかを判断することが重要です。それは、①自社商品のことを顧客が認知さえしていないのか、②認知しているけれども興味を持ってくれないのか、③興味をもって調べるけれども購入しようとは思わないのか、④購入を検討するけれども最終的には何らかの理由で買い物には至らな

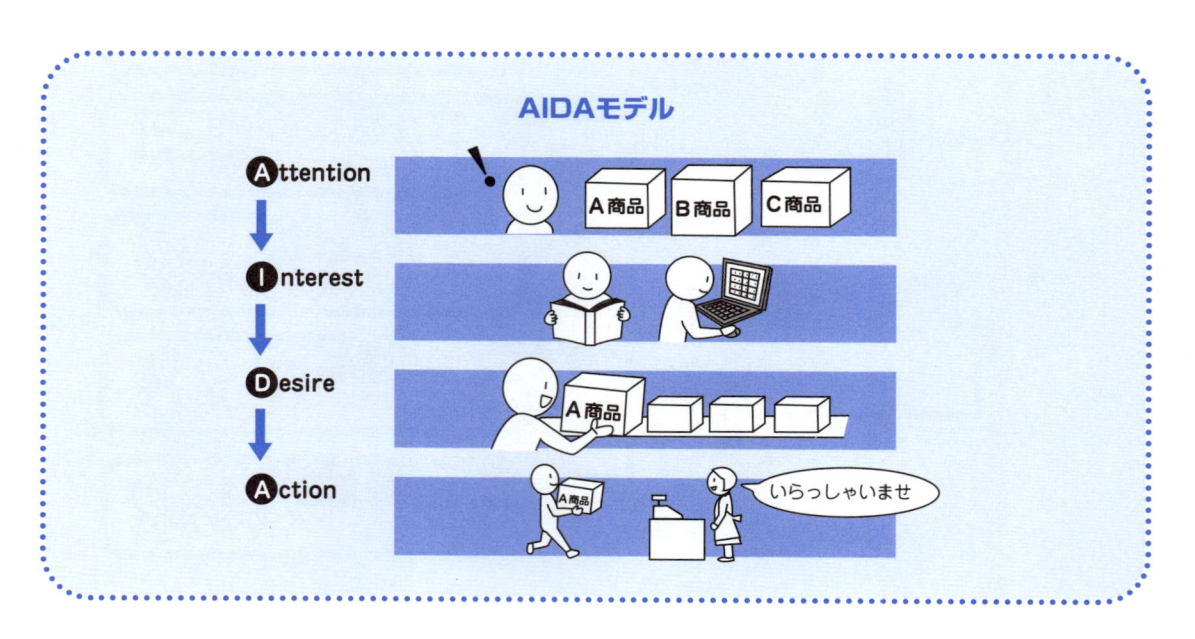

著者のつぶやき テレビはインターネットに次いで市場規模が大きい広告媒体ですが、消費者金融や酒類のように、一定時間内では放映されない企業や商品もあります。それだけ社会に対する影響力が大きい媒体なのです。

いのか、①〜④のどの段階でとどまっているのかにより、広告内容やどの販売促進施策を用いれば大きな効果が期待できるかが変わってくるからです。

　似たような概念*に、欲求と行動の間にMemory（記憶）という反応を付加したAIDMAモデルも存在します。高額の商品や消費者がこだわりをもって購入したい商品の場合は、最終的な意思決定の前に記憶を頼りに検討を繰り返すプロセスがみられることから考え出された概念です。

＊このほか電通が考案したAISAS（Sは前から順にSearch：検索とShare：情報検索の意味）など、いくつかのモデルがあります。

メディアを使って大勢の消費者に伝える

● 広告

　多くの会社が消費者の購入意欲を刺激するために、テレビやラジオ、新聞や雑誌、インターネットなどのさまざまなメディアを通じて、自社商品をアピールしています。こうした宣伝活動のうち有償で行われるものを広告といいます。有償とは、広告を出す会社（これを広告主とか出稿社といいます）が、広告スペースを提供するテレビ局や新聞社（これを媒体社とかメディアといいます）に対して広告費を支払うという意味です。

　広告は商品の優れた面をコンパクトにまとめて繰り返し伝えることができるので、新商品を発売したときなど大勢の人々に短期間で商品を知ってもらうには有効な方法です。また、長期にわたる売上の拡大やブランドイメージの確立に役立つといったメリットもあります。一方で、店舗で売っている商品を目の前にしてメッセージを出しているわけではありませんから、実際にどれだけ商品購入に結びついているのかわかりにくいといった点はデメリットです。

　広告は単に有名タレントを使って賑やかにすればよいのではなく、その商品に興味をもつ人が共感をもてるような内容にする必要があります。たとえば高校生が買いそうなゲームソフトの広告に、中高年に人気の高い大物演歌歌手を使っても効果は薄いですし、さまざまな人が利用する携帯電話のコマーシャルに出てくるのは、老若男女を問わず誰からも好かれやすいタレントが多いでしょう。自動車の広告では、スピード感を強調するだけではなく、安全性を伝えることも大事です。広告内容の決定は、対象とする商品のマーケティング戦略（STP）を適切に反映するものにすることが重要です。

● どのメディアを使って広告するか？

　また広告媒体によっても特徴が異なるので、どのメディアで広告を行うかも重要な問題です。テレビや新聞は、さまざまな人々が目にする機会が多いので、デジタルカメラや冷蔵庫、自家用車のように誰もが関心をもつ一般的な商品を

広告するのに適しています。同様の理由から商品ではなく企業イメージ自体をアピールする広告にも適しています。また全国放送での15秒程度の単発のスポットCMや全国紙への全面広告のように広告費の総額は多額になりやすいですが、大勢の視聴者、購読者にメッセージを届けることができるわけですから、1人当たり広告費という点では比較的低コストですみます。

雑誌やラジオは、「金融業界に勤めるビジネスマン」や「深夜放送の好きな高校生」というように**セグメンテーションが容易、つまり読者やリスナー層を明確に絞ることができる**場合が多いです。そこで、広告費の総額を抑えつつ、高級腕時計や音楽ソフトのように顧客層が限られる専門的な商品を広告するのに適しています。

一方で、テレビ広告は映像による視聴者へのアピール力は強いですが、ラジオ広告は文字情報が乏しく商品の詳細な説明をすることが難しいとか、雑誌広告は月刊誌なら広告の更新頻度が月1回というように広告内容の変更への柔軟性に劣るといった問題もあります。

またインターネットを利用した広告も増えています。

広告代理店の電通が毎年公表している「日本の広告費」という調査によると、インターネット広告市場の成長は著しく、2023年調査の市場規模はインターネット、テレビ、新聞、雑誌、ラジオの順となる第1位で、対前年比の成長率もこれら5つの媒体の中でトップです。

インターネット広告には**ユーザーがキーワード検索をした場合にそれに即し**

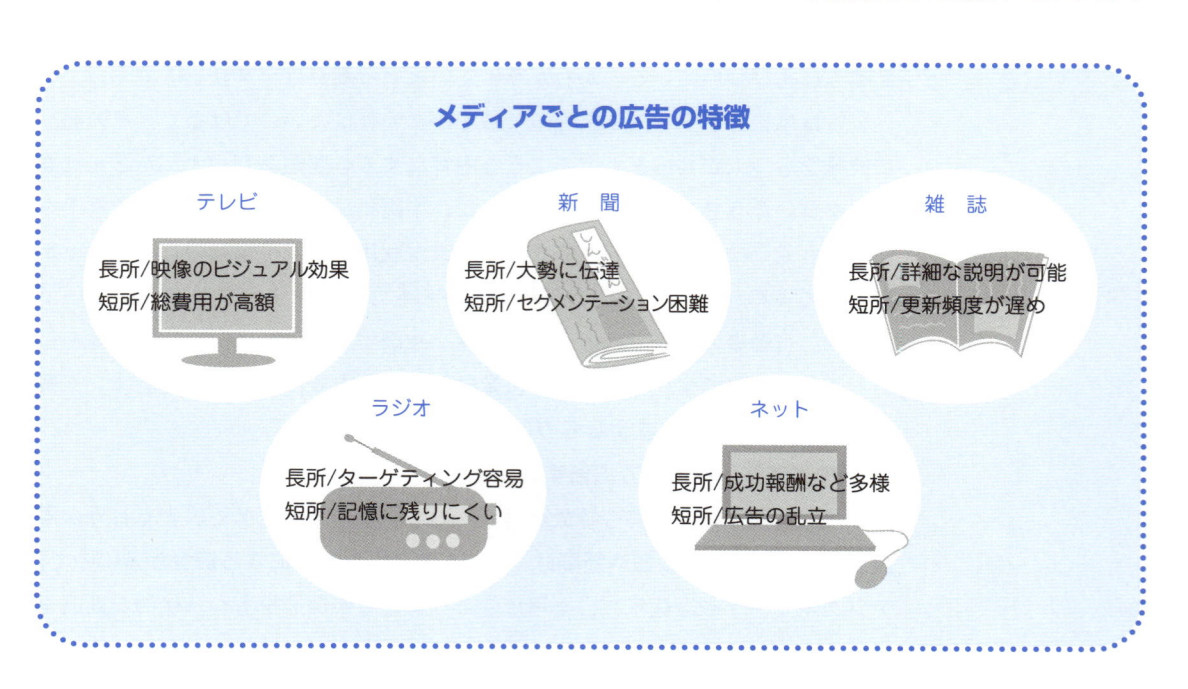

メディアごとの広告の特徴

テレビ
長所/映像のビジュアル効果
短所/総費用が高額

新聞
長所/大勢に伝達
短所/セグメンテーション困難

雑誌
長所/詳細な説明が可能
短所/更新頻度が遅め

ラジオ
長所/ターゲティング容易
短所/記憶に残りにくい

ネット
長所/成功報酬など多様
短所/広告の乱立

著者のつぶやき インターネット上には大げさな表示や詐欺的な広告が少なくないため、消費者が商品購入でトラブルに巻きこまれたり、インターネット広告自体の信頼性が損なわれたりして大きな問題です（p.115コラム参照）。

た広告表示ができる**キーワード検索連動型広告**や、**広告を経由して商品が販売された場合にその販売額に応じて広告費を支払うアフィリエイト広告**などがあります。インターネット広告はユーザーの情報検索に対応した双方向的な広告や、費用対効果がより明確な広告など、従来のマスメディアにはない広告手法が可能である点が大きなメリットです。検索エンジンやポータルサイトの集客力を活かしたグーグルやヤフーといったインターネット企業が、マスメディアにおける電通や博報堂のような広告代理店に代わって、広告配信に支配的な力を持つようになっています。

● パブリシティ

ところで広告という形ではなく、**ニュースや記事として取り上げてもらう方法もあり、これをパブリシティといいます**。パブリシティの大きなメリットは、商品を生産・販売する会社がその特徴や長所を自ら宣伝するのではなく、第三者がニュースという形で取り上げてくれるので、情報を受け取る私たち消費者にとっては**客観性や信頼性が増し、宣伝効果が高まる**という点です。もちろん、**広告費を支払う必要がなく、無償でマスメディアが取り上げてくれる**点もメリットです。

たとえば電気とガソリンを併用するハイブリッドカーが環境対策に有効であるというニュースが流れれば、値段が高くてもこうした自動車に興味を持つ人が増えるかもしれません。またヨーグルトなどの発酵食品が健康維持に有効であるとテレビの情報番組で取り上げられれば、翌日はそれらが小売店で売り切れていることもあるでしょう。

もっともマスメディアにニュースとして取り上げてもらうためには、新商品の発売に際して各種イベントを開催したり、さまざまな展示会に出品したりといった地道な努力が不可欠ですから、広告費自体はかからなくてもさまざまな出費が必要となる場合が少なくありません。また、広告であれば広告主がある程度自由にその内容を決めることができますが、パブリシティでは思ったとおりの記事にしてもらえるとは限らないリスクもあります。

店舗内で商品を目立たせる──セールスプロモーション

● 消費者向けSP

広告やパブリシティはうまく宣伝できれば、消費者の商品認知度が高まり、長期間にわたって売上の増加やブランドイメージの向上を見込むことができます。しかし、今日中に在庫の商品をすべて売ってしまいたいとか、来週は1週

間の売上目標を達成したいというように、短期間に売上を増加させたいときには広告やパブリシティでは遠回りです。これらの宣伝活動は、消費者がそれを目にした時点と実際に商品を買う時点に時間の隔たりが生じるので、食料品や日用雑貨品のように低価格で日常的に買い物する商品の場合はとくに、記憶に残らない場合が多いからです。

＊プロモーショナルマーケティングということもあります。

そこで行われるのがマスメディア経由の宣伝ではなく、店舗内で商品を目の前にしている消費者に向けて行われる**セールスプロモーション（SP）**＊です。これは日本語に訳すと販売促進となりますが、広告や販売員活動を除いた狭い意味での販売促進のことを指すために**販促**（はんそく）と略称されることもあります。たとえば店舗内での商品の大量陳列や、パネルやポスターの掲示による商品の強調、試供品やおまけの提供、期間限定の値引きクーポンの配布、などが販促に当たります。

セールスプロモーションは、商品を売っているその場所で消費者を刺激するという点で短期的・即効的な売上拡大を期待できます。先にあげた電通の「日本の広告費」調査によると近年、広告市場はインターネットをのぞいて横ばいか漸減傾向が続くのに対し、セールスプロモーション市場は拡大傾向にあります。これは景気低迷と市場の成熟化で売上拡大に悩む企業が注目しているプロモーション手段だからです。しかし、この方法は、やり過ぎると目新しさがなくなって、売上拡大の効果が薄れます。一般的に言って、スーパーマーケットの試食販売によってその食品の売上が増加するのは数日間ですし、値引きクーポンをいつでもどこでも配っていたら、値引き前の価格では商品は売れなくなってしまうでしょう。セールスプロモーションで売上を増やすためには、その実施方法や期間を適切に選ぶことが重要なのです。

消費者向けSPにはメーカーが直接的に消費者に対して行う消費者プロモーションと、小売業が店頭で消費者に対して行う小売プロモーションとがあります。**消費者プロモーション**には消費者に試供品を提供する「サンプリング」や「モニタリング」、販売製品におまけを付する「プレミアム」、懸賞やくじなどの「スイープステークス」、購入後に現金を割り戻す「キャッシュバック」、特定の商品に割引券を付する「クーポン」があります。また**小売プロモーション**には、「値引き」、目立つ場所への大量陳列などの「特別陳列」、商圏内の世帯に向けた「チラシ」、店頭のデモンストレーションによる「実演販売」があります。

● 流通業者向けSP

＊第6章で学んだように、メーカーの流通チャネル施策の1つとしても行われています。

SPの中には、メーカーが卸売や小売企業といった流通業者に向けて行うものもあります＊。これは企業間の取引の中で行われる販売促進ということからト

 **著者のつぶやき** PR（Public Relations）ということばは宣伝や広報と訳されますが、これは、企業などの組織が自らの活動や商品を周知するための活動のことをいうので、広告やパブリシティも含まれると考えてよいでしょう。

レードプロモーションともよばれます。トレードプロモーションには、流通業者があるメーカーの商品を積極的に販売した場合に、そのメーカーから販売努力に対する金銭的見返りとして支払われる「アローワンス」、自社の商品を店内に大量に並べてもらうために棚や陳列台（什器ともいいます）を提供する「販売助成」、売上高の達成度や特別陳列の出来栄えを競い上位者に賞金などを与える「コンテスト」、出荷条件を一時的に流通業者に有利なものとする「特別出荷」などがあります。

人からすすめられると買いたくなる

● 販売員活動

　広告やパブリシティ、セールスプロモーションは、メーカーや小売店といった売り手側から消費者への一方通行の情報伝達になってしまうというデメリットがあります。伝えられる情報量はテレビなら15秒とか雑誌なら1ページというように限られているわけですし、大量陳列やポスター掲示では商品を目立たせることはできても、顧客1人ひとりの質問に個別に対応することは難しいのです。

　そこで、3つめの販売促進方法として、営業部員や販売担当者のような人々が顧客にじかに接してセールスをするという販売員活動があります。衣料品店でピンクのブラウスには何色のスカートが似合うか尋ねたい場合や、家電販売店でビデオカメラの操作方法を確認したい場合もあるでしょう。メーカーが営業部員を通じて小売店や、商品流通の仲介を行う卸売業者に自社商品の特徴を説明して売り込みをすることも重要な販売員活動です。

　販売員活動のメリットの1つは、商品の特徴の中から、顧客ごとに異なるそれぞれの知りたいことを優先的に伝えられる点です。また顧客から寄せられた質問やクレームを会社内に集めることで、自社商品の問題点を整理し、新商品の開発に活かすことが可能になる点もメリットです。

　販売員活動の難点は高コストになりやすいことです。販売員が顧客に1人ずつ個別対応で商品内容を説明していくので、顧客1人当たりに要する費用は低いものではありません。

● クチコミ

　人がすすめることで商品の売上拡大につなげるという点で、販売員活動に似ているのがクチコミです。クチコミは、商品を販売している会社が行うのではなく消費者が行うという点と、販売員への給料や広告費のような対価を要せず

無償でなされるという点に特徴があります。もともとクチコミは、友人とか家族といった身近な人を経由していたのですが、インターネットによって見ず知らずの人からのクチコミも増えています。たとえば、さまざまな商品価格の比較をしている「価格.com（かかくドットコム）」や、消費者が使用済みのリユース品などを手軽に売買できるフリマアプリの「メルカリ」では、クチコミ評価が商品内容や取引相手を判断する重要な情報になっています。インターネットでクチコミの多くは誰が書いたのかわからない匿名のものですが、クチコミの量の多さが匿名による信頼性の低さをカバーしているわけです。

　販売員活動やクチコミは、個々の消費者のニーズに合わせた情報提供がなされ、消費者の側からの質問もできるため、個別的アプローチや双方向のコミュニケーションが可能であるという点が大きな特徴です。

プッシュかプルか

● 売ってもらうか、買ってもらうか

　これらの販売促進活動は別の視点から2つに分けて考えることもあります。1つはメーカーが広告やパブリシティを通じて消費者に直接アプローチして「あの商品がほしい」と探してもらう方法です。顧客の需要を引き出すというニュアンスから、**プル型の施策**といいます。

　もう1つはメーカーが直接の取引先である流通業者に販売助成を行ったり、小売店が大量陳列や積極販売を行ったりして「この商品がおすすめです」とアピールする方法で、顧客に売り込んでいくというニュアンスから、**プッシュ型の施策**といいます。

　プッシュやプルはどちらか一方だけ行えばいいというものではありません。メーカーが卸売や小売に働きかけて自社の商品を消費者に売ってもらおうとしても、類似商品があふれている今日では、こうした流通業者の全面的な協力を常に期待できるわけではありません。逆に消費者に広告やパブリシティを通じて自社の商品をアピールしても、小売の協力を得られずそれを店舗においてもらえなければ販売することはできません。**プッシュ型の施策とプル型の施策の両者を適切に組み合わせて行うことが必要**です。

● 単独のプロモーションから統合的なコミュニケーションへ

　施策の組合わせという点では、消費者へのさまざまなコミュニケーション手段を組み合わせて行う**統合型マーケティング・コミュニケーション**（IMC：Integrated Marketing Communication）という考え方もあります。これは企業が、

単に広告やセールスプロモーションといった販売促進活動にとどまらず、商品のパッケージや流通チャネルの選定など、消費者への自社の商品のアピールが最大化できるような複数の伝達手段を総合的に管理することです。

製品・価格・流通チャネル・販売促進という**4つのPの組合わせのことをマーケティングミックスといいます**が、似たような商品が多数販売され、さまざまなメディアを通じた情報が氾濫している今日、自分たちの扱う商品の特徴を顧客に認識してもらうためには、マーケティングミックスを通じて一貫したメッセージを伝えていく必要が高まっています。

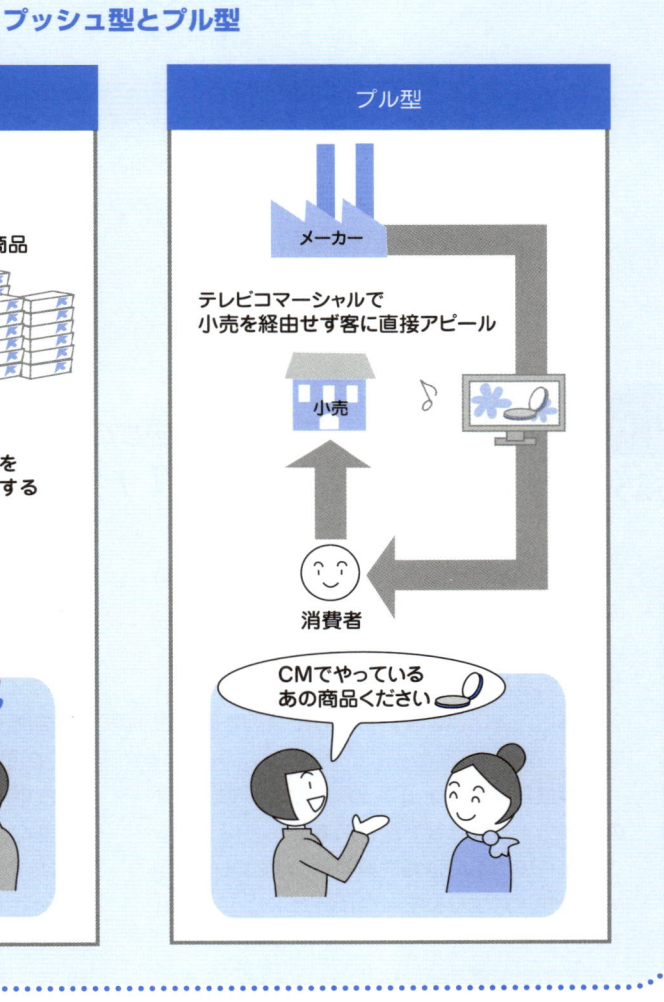

課題

この章のテーマをさらに
深めるために

1　記述式

広告とセールスプロモーションの特徴について100字程度で述べなさい。

2　選択式

表のA〜Hに当てはまる適切なものを、広告のメディアごとの長所（ア〜エ）、短所
（オ〜ク）から1つずつ選びなさい。

		テレビ	雑誌	インターネット	ラジオ	ダイレクトメール
長　所		A	セグメント可能	B	C	D
短　所		E	F	G	音のみ	H

長所：（ア）ターゲットを絞った広告　（イ）アフィリエイト広告

　　　（ウ）豊富な情報提供が可能　　（エ）ビジュアル効果

短所：（オ）接触当たりの高コスト　（カ）広告の乱立

　　　（キ）情報の更新が遅め　　　（ク）視覚のみの訴求

3　自由研究

自分が化粧品メーカーのマーケティング責任者だとしたら、新商品の口紅を販売する
際にどんなプロモーションを組み合わせるでしょうか。また、テレビコマーシャルを
放映するとしたら起用するタレントや放映する時間帯はどうするか、など具体的に考
えてみてください。

答えはp.151

記事なの？　それとも広告なの？
記事広告を見破れ！

　新聞や雑誌を読んでいると、一見、本文の記事のようなのですが特定の商品の紹介だけをしていて広告のようにも思えるページがありませんか？　こうした記事のような体裁をとった広告を記事広告といいます。つまり記事広告は広告です。

　記事広告は広告を出す出稿社にとって、本文の記事のような体裁で自社の商品を広告できることから読み手の信頼を得やすいという効果があります。パブリシティのようなメリットがあるわけです。

　また広告を載せる媒体社にとっては、広告収入が得られるという効果があります。とくに雑誌の収入は、雑誌自体の販売収入だけでなく広告収入の割合がかなり大きいことが一般的です。一方でインターネット広告の拡大や、雑誌販売の長期低迷化により、雑誌広告も減少傾向です。そこで広告収入を増やすために、新聞や雑誌で従来の広告とは目先を変えた記事広告が増えているのです。

　私たち消費者にとっては、読んでいるものが客観性の高い記事なのか、特定の商品をPRしている広告なのか、しっかり見極められる目が必要になっています。

 　インターネット上のクチコミを企業側が消費者になりすまして行う「やらせ」的な行動を、正体を隠しているという意味でステルス・マーケティングということがあります。

なるほど。消費者とのコミュケーション手段が販売促進なんだ。

コミュニケーションでどのような効果をあげることを目的にするかによって、広告、セールスプロモーション、販売員活動に分かれるのね。

それから、その活動に対して直接費用が発生しないのがパブリシティとクチコミ。これらの中から会社はプッシュ戦略とプル戦略を上手く組み合わせて販売促進のアイデアを練るわけか。

売上を増やす目標が長期的か短期的かによって、広告とセールスプロモーションどっちが適しているか、売る商品によってテレビやインターネット、どのメディアを使って宣伝するのが最適か、いろいろ決めるのっておもしろそう。

そういう仕事は広告代理店だけじゃなくて、出稿社の広告宣伝の担当部署でもできそうだな。

さらなる
読　書
のために

岸志津江・田中洋・嶋村和恵・丸岡吉人『現代広告論〔第4版〕』
有斐閣　2024年

販売促進施策の中でも広告に限定されますが、出稿社や媒体社の立場も含め多面的に解説されています。本章では簡単にしか触れなかったIMCについても詳しく説明されています。

販売会議編集部編『セールスプロモーション基礎』宣伝会議　2017年

ソーシャルメディアの普及などデジタル化がセールスプロモーションに与えている変化も含めて、具体例をわかりやすく紹介しています。

花王のヘルシア緑茶はなぜ売れたか

具体例で考える STP と 4 つの P

この章で学ぶこと
- ☐ STPを具体的事例で考える
- ☐ 企業の事業展開の方向性を考える製品・市場マトリックス
- ☐ 4つのPを具体的事例で考える

前回まででマーケティングの基本的な考え方はひととおり学んだわけだけど、理解できているかな？

は、はい。STPと4つのPです。

それぞれ何の略だっけ？

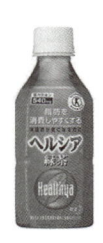

STPはセグメンテーション、ターゲティング、ポジショニングです。

4つのPは製品、価格、流通チャネル、販売促進です。

そうだね。では企業はなぜセグメンテーションという市場の細分化を行うのだろう？

え〜と、それは、顧客のニーズが多様化して、え〜と……

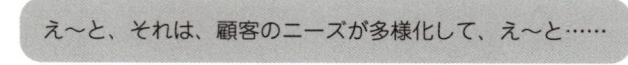

あやしい感じだね（笑）。では、今まで学んだことを復習するため、花王が大ヒットさせたヘルシア緑茶を例にして考えてみることにしよう。

STP

みなさんは**ヘルシア緑茶**という商品を知っていますか？　シャンプーや洗濯用洗剤、食器用洗剤といった日用雑貨分野の大手メーカーの花王が2003年5月に発売した商品で、2004年3月までの初年度売上高が約200億円と大ヒットしました。

なぜ日用雑貨が中心の花王が緑茶を発売することになったのでしょうか？また、それにもかかわらずなぜ大ヒットしたのでしょうか？

花王のヘルシア緑茶に関するマーケティング活動についてSTPと4つのPの順に考えてみることで、第7章までの内容を復習していきましょう＊。

● **セグメンテーション**

花王は1999年にエコナという体に脂肪がつきにくい食用油が大ヒットしました＊。エコナは**特定保健用食品**（以下では**トクホ**といいます）で、健康への関心が強い顧客層をひきつけたのです。

トクホは厚生労働省が許可した商品だけに使用が許される認証で、厳しい科学的審査に合格したことにより通常の食品には法律上認められていない、体脂肪をつきにくくするとか血圧やコレステロールの水準を正常に保つといった保健の効果を明示することが認められています。このような効果があるので、エコナは一般的な食用油よりも高価格であるにもかかわらず爆発的に売れたのです。

ところで2003年当時の状況をみると、**トクホは森永乳業や明治乳業のヨーグルト、ヤクルトの乳酸菌飲料など複数メーカーから売上の高い商品が出たこともあって、消費者の認知度も高くなっていました＊**。一方で消費市場全体としては、所得水準の長期低迷や小売企業間の競争激化から商品単価の下落傾向が強く、**メーカーは高価格をつけられるような付加価値の高い商品市場の開拓を試みていました。そして医療費の自己負担額の増加や高齢化社会の進展による、消費者の健康に対する関心は強まっていました。**こうした状況で、健康に関連する商品の市場を開拓することは、多くの消費財メーカーにとって重要性の高いことがらでした。

ところで健康関連市場に対する消費者のニーズは、そもそもその必要性を感じていない人もいるでしょうし、ニーズのある人でも、ダイエットか筋力アップか、単なるリラックス効果でよいか抜本的な体質改善まで求めるか、など多様であるはずです。したがってこの市場に対するマーケティング活動は、マス・マーケティングではなくて、**セグメント・マーケティング**の方が有効とな

＊実際にマーケティング戦略や施策を立案するときは試行錯誤で行われるので、花王がヘルシア緑茶の発売に際して行った意思決定もこの順とは限りません。しかし、ここでは第1章から第7章までの復習の意味合いで、各章で説明した順番にヘルシア緑茶の事例を当てはめていきます。

＊エコナは、体内で発ガン性物質に代わるおそれがある成分が含まれているとの指摘を受けて、2009年に花王の自主的な判断で発売が中止されました。

トクホ許可マーク

＊日経食品マーケット2003年12月号「売れ筋チェック特定保健用食品」参照。

健康関連市場のセグメンテーションの例

		簡便性		
		高い	中程度	低い
世代・性別	中高年男性	★		
	中高年女性		エコナ	
	若年男性			
	若年女性			

るでしょう。その際のセグメンテーションの基準はさまざまなものが考えられますが、世代や性別というデモグラフィック属性と、簡便性志向というサイコグラフィック属性から行ったセグメンテーションの例が上の図です。

● **ターゲティング**

花王は中高年女性向けで簡便性が中程度のターゲットに対しては、調理用のエコナを発売済みでした。健康に対する意識は若年層よりは中高年、男性よりは女性の方が高いはずですし、日用雑貨の大手企業である花王の知名度は中高年女性にはとても高いものであるはずですから、このターゲティングは適切であったといってよいでしょう。

このセグメントでの成功を踏まえて次に花王は、中高年男性向けで簡便性の高いセグメントにターゲットをしぼったわけです。健康に対する関心は中高年であれば男女問わず高いと考えられますし、男性の方が女性よりも余暇や自由な時間が少ない傾向にあると考えられるので、このターゲティングも適切であるといってよいでしょう。

ところでターゲティングの際は、①選択したセグメント内の顧客層にはマーケティング活動に対して同様の反応が期待できること、②選択したセグメントの市場規模が十分であること、③ターゲットに対するアプローチが適切であることが重要です。たとえば、中高年層向けで簡便性の低い健康対策を検討するセグメントを対象とするのであれば、人間ドックのようなサービスを提供することが適するはずです。あるいは若年層向けで簡便性の低いセグメントを対象とするのであれば、その市場規模は十分なのか、十分だとしても興味を引くには健康をアピールするよりも、スポーツや娯楽をアピールする方が適している

著者のつぶやき 高齢化社会の進展と、2008年から生活習慣病対策を目的としたいわゆるメタボ検診が始まったおかげでさまざまな健康関連商品が発売されていますが、大ヒットに至る商品はなかなか出てきません。

かもしれないわけです。

● **ポジショニング**

　花王は絞り込んだターゲットに対して、かねてより研究開発を進めていたヘルシア緑茶を発売することになりました。ヘルシア緑茶はお茶に含まれるカテキンの体脂肪減少効果に着目して開発されました。**体重管理に神経を使いつつも手軽な方法でそれを達成したい中高年男性に適した商品**であるわけです。そしてヘルシア緑茶がトクホであること、継続的な飲用が効果的であることをアピールすることにしました。

　ところで、花王はなぜ飲料分野に進出したのでしょうか。株式上場を行っているような公開企業は毎年の業績を**有価証券報告書**という体裁で公開する義務があり、多くは各社のホームページ上で公開しています。そこで花王の毎年の有価証券報告書をみると、企業全体の売上高や利益は堅調に増加しており、ボディソープやシャンプーといったパーソナルケア部門、洗剤などのハウスホールド部門、オムツのようなサニタリー部門、化粧品部門、工業用製品部門に参入していることがわかります。

　そして繰り返しになりますが、花王はパーソナルケア、ハウスホールド、サニタリーといった日用雑貨分野の多くでは売上シェアがトップのリーダー企業です。**リーダー企業は経営資源が豊富なのでフルカバレッジをすることはもちろん、さらに多くの分野に参入することも一般的**です。これらのことから、花王はヘルシア緑茶の発売によってエコナで参入済みのトクホ部門での更なるシェア拡大を狙ったものであると考えられます。

　ところで企業の事業展開の方向性は、製品・市場マトリックスという観点から考えていくこともできます*。**製品・市場マトリックスは事業活動の成長の方向性を、①事業展開していく商品がすでに存在するものか新たに開発するものなのか、②事業展開していく市場がすでに参入しているものか新たに参入するものなのか、という視点から分析する**ものです。

　企業が既存市場に既存商品で引き続き事業展開をしていくのであれば、現在の売上シェアを高めていく市場浸透を図ることになるので、他商品から顧客を奪ったりリピーターを増やしたりする必要がありますが、商品の知名度や市場についてのノウハウがあるはずなので、比較的リスクの少ない方法といえます。一方、新市場に新商品で事業展開をしていくのであれば、新たに開発した商品でノウハウの乏しい新規参入事業者として多角化を進めていくことになるので、ハイリスク・ハイリターンの方法となります。あるいは両者の中間的な戦略として、既存市場での売上拡大のために新商品開発をする方法や、既存商

*H. イゴール・アンゾフ著、中村元一監訳『アンゾフ戦略経営論 新訳』中央経済社、2007年参照。

品で海外など新市場に進出する方法もあるでしょう。

日用雑貨分野のリーダー企業である花王は会社全体の売上をさらに拡大していくために、ハイリスク・ハイリターンではありますが、未参入市場にヘルシア緑茶という新商品で乗り込むという多角化戦略を採用していったわけです。

さて多くの事業分野に参入している花王ですが、ヘルシア緑茶は他の商品と比較してどのような位置づけにあるかを、**プロダクト・ポートフォリオ・マネジメント（PPM）**で確認してみましょう。有価証券報告書によるとパーソナルケア、ハウスホールド、サニタリー部門は全体的に価格競争が激しく市場の成長率は停滞傾向である一方、花王はシェアトップです。これはPPMでいうと、「金のなる木」に位置づけられます。一方で化粧品部門は市場の成長率は高いものの資生堂などの大手が存在するのでシェアは十分に高いとは言えず、PPMでは「問題児」に位置づけられます。

そしてエコナやヘルシア緑茶をトクホ部門の商品としてみるのであれば、市場の成長率は非常に高いものの、森永乳業、明治乳業やヤクルトといったヨーグルトや乳酸菌飲料で売上の高い企業も多く、少なくともヘルシア緑茶の発売開始時点では花王のシェアが十分に高かったとは言えず、PPMでは「問題児」に位置づけられているといってよいでしょう。またヘルシア緑茶を茶飲料部門の商品としてみるのであれば、茶飲料市場は水道水からの需要のシフトで高成長であり、花王にとってはヘルシア緑茶がはじめての茶飲料であったので、やはりPPMでは「問題児」に位置づけられます。

「問題児」は現段階での自社のシェアは低いものの、市場の成長率は高いわけですから一発逆転が狙える商品部門です。したがって積極的な研究開発や営業、広告など**経営資源の大量投入の必要性が高く、その原資は「金のなる木」にある商品部門で獲得した資金となる**わけです。

製品・市場マトリックス

市場		製　品	
		既　存	新　規
既　存		市場浸透	新製品開発
新　規		市場開発	多角化

著者の
つぶやき　私が子どものころは、水は水道から飲むものとほとんど決まっておりましたが、ミネラルウォーターの普及で様変わりしました。この普及にはペットボトルの手軽さも大きな役割を果たしています。

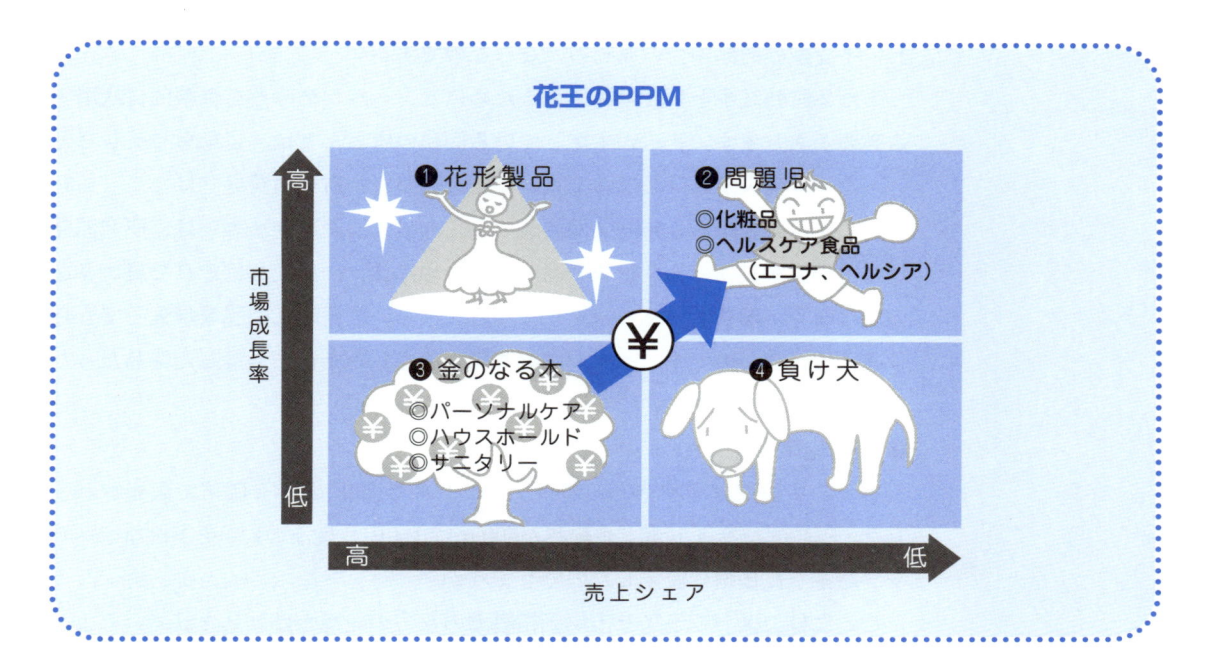

4つのP

● 製品施策 （Product）

　日用雑貨部門の大手企業である花王がヘルシア緑茶を発売した理由は、上で述べたようにリーダー企業ゆえに豊富な経営資源を利用して、トクホ市場でもシェア拡大を狙ったことにあります。ただ、トクホ市場とは言ってもヘルシア緑茶とエコナはペットボトル飲料と食用油と、その商品内容はまったく異なります。したがって製品施策におけるブランド展開という切り口からは、ヘルシア緑茶はペットボトル緑茶という未参入市場に新規ブランドで参入したわけで、ハイリスク・ハイリターン型のブランド開発ということになります。

　花王がこのようなブランド開発を行った背景には、プロダクト・アウトの発想に加えてマーケット・インの発想もあったと考えられます。すなわち花王はリーダー企業として豊富な研究開発スタッフを抱えていたことで茶に含まれるカテキンが体脂肪を減らす効果を発見することができ、エコナを発売済みであったことで新たなトクホを開発するノウハウも有していたわけで、これらはシーズ志向のプロダクト・アウト型の商品開発の原動力となりました。同時に社内外のスタッフによるマーケットリサーチを通して、健康に関連する商品に対する市場のニーズや簡便な方法で健康を維持できるような食品に対する市場のニーズが大きいことを把握していたわけで、これはニーズ志向のマーケッ

ト・イン型の商品開発の原動力となったのです。

　また体脂肪減少という効果を得るためには、ヘルシア緑茶を継続的に飲用する必要があります。花王が生産している商品のほとんどは、自動車やテレビといった一度購入すればしばらく買い替えを行わない耐久消費財ではなく、頻繁に購入する必要がある非耐久消費財です。非耐久消費財メーカーは、研究開発コストや生産設備の初期投資を回収するためには、一回売ればそれで終わりなのではなく、消費者にリピーターになってもらい継続的に商品を購入してもらう必要性が高いのです。ヘルシア緑茶は、こうした条件にも適した商品だったということができます。

● 価格施策（Price）

　ヘルシア緑茶は当初350 mlのペットボトルで180円という価格で販売されました。一般的なペットボトル緑茶が500 mlで150円程度なのに、花王はなぜヘルシア緑茶を高価格に設定したのでしょうか？

　ここにはコストプラスと市場価格基準の双方の発想が盛り込まれているようです。すなわち、カテキン効果を発見しこれを商品化するまでの研究開発費やトクホの許可を受ける上での種々の実験に要したコストを積み上げるというコストプラスの視点に立てば、高価格にならざるをえないはずです。一方で、トクホに認定されたとはいえヘルシア緑茶は医薬品ではなくて茶飲料なのですから、市場価格基準の視点に立てば、他のペットボトル飲料の価格を意識せざるをえないはずです。こうした双方の発想から、トクホというプレミアムに対して消費者が許容して支払ってくれそうな価格として180円に設定したと考えられます。

● 流通チャネル施策（Place）

　ヘルシア緑茶は当初は関東地区のコンビニエンスストア限定で販売されました。ペットボトル飲料のような最寄品ではメーカーが流通チャネルを限定しない開放的チャネル施策が一般的ですが、なぜ花王はヘルシア緑茶で選択的なチャネル施策をとったのでしょうか？

　企業にとって生産能力は無限ではなく、仮に大量生産が可能であっても売れ残るリスクもあります。ヘルシア緑茶も発売当初は生産能力に限りがあり、全国のあらゆる小売店に流通させることが困難であったと考えられます。一方で大手コンビニエンスストアは、スーパーマーケットなど他業態との差別化のためにコンビニエンスストア限定商品を要望していました*。そしてコンビニエンスストアは、中高年男性が気軽に来店して継続的に購入することが期待でき、値引き販売をしないという点で花王にとっても適したチャネルでした。ま

＊「デフレ超える価値『チャネルの利』で売る」日経ビジネス2003年12月15日号参照。

た関東地区は全国と比較すれば消費者の所得が高く、高価格の茶飲料を買う余裕も高いはずです。

以上の点からヘルシア緑茶は発売当初、関東地区のコンビニエンスストアに限定出荷されたと考えられます。

● 販売促進施策（Promotion）

花王はコンビニエンスストア限定商品であるにもかかわらず、ヘルシア緑茶のテレビコマーシャルを積極的に流しました。これはどのような理由があったのでしょう？

まず、「体脂肪への効果」を端的にアピールできるトクホ表示の許可を得たことが、短時間でインパクトのあるメッセージを広範囲に伝えやすいテレビ広告に適していたということです。また、テレビコマーシャルで消費者に直接アピールすることで、小売店舗での購入を促すプル効果を狙っていたと考えられます。そしてこのプル型施策に加えてコンビニエンスストア限定発売という流通チャネル施策によって、コンビニエンスストアも大量陳列を積極的に行うこととなりました。この点では花王のコンビニエンスストアに対するプッシュ型施策が功を奏したわけです。

● まとめ

結果的にヘルシア緑茶はコンビニエンスストアで1店舗あたり1日に30本も売れるほどとなり、週に50本も売れれば売れ筋商品といわれる茶系飲料の中で大ヒットとなりました*。これは、ヘルシア緑茶の発売に際して花王が行ったセグメンテーション、ターゲティング、ポジショニングというマーケティング戦略が適切であったこと、製品、価格、流通、チャネル、販売促進という4つのPの組み合わせであるマーケティングミックスが適切であったことによるものです。

*「トクホ開発の最前線」日経バイオビジネス2003年8月号参照。

● その後の展開

ヘルシア緑茶で大成功をおさめた花王はその後、ヘルシアブランドのブランド拡張を行いました。2006年に発売をはじめたスポーツドリンクの「ヘルシアウォーター」と、2009年に発売をはじめた炭酸飲料の「ヘルシアスパークリング」です。これらはヘルシア緑茶と同様に高濃度の茶カテキンを含有する飲み物ですが、緑茶とは異なる商品カテゴリーなので、新たな顧客層の掘り起こしにも成功しています。

なお、ヘルシアブランドは2024年8月に一括して花王からキリンビバレッジに譲渡されました。売却した花王にとっては消費財化学分野を中心とした事業分野に経営資源を集中でき、買収した飲料メーカーであるキリンビバレッジに

とっては、高い知名度やブランド力を有するヘルシアを加えることで自社の事業をさらに充実させることができると考えたのでしょう。

課題

この章のテーマをさらに
深めるために

1 自由研究

みなさんにとって身近な商品を1つ取り上げて、マーケティングのSTPと4つのPにあてはめてみましょう。

2 自由研究

花王がヘルシア緑茶を新発売する際に、もしコンビニエンスストアではなくてスーパーマーケットのみを選択していたとしたらどのような結果になったでしょうか。自分なりのアイデアを出してみましょう。

3 自由研究

ヘルシア緑茶とヘルシアウォーター、ヘルシアスパークリングのターゲットがそれぞれ異なるとしたら、健康関連市場をどのような属性でセグメンテーションし、各商品のターゲットをどこに置くのがよいか考えてみましょう。

流行 モノのひみつ （はやり）

コピー&ペーストでレポートを作っていいの？
インターネット上の有益な情報を見分ける

　みなさんは大学でレポート課題が出されると何を参考にしてレポートを作っていますか？インターネットの普及で情報収集が容易になったのはとてもよいことなのですが、その反面、安易なコピー&ペースト（切り貼り）が増えているように私は感じます。ChatGPTなどの生成AIはとても便利ですが、こうした流れを加速させます。

　私が今回のヘルシア緑茶の記述をまとめるために参照した資料は、本文中や脚注、章末の「さらなる読書のために」に明記したとおりです。

　今回のテーマでも、商品名をインターネットで検索するとたくさんの情報が表示されるかもしれません。しかしこうした情報の丸写しは無断引用であり、著作権法違反として違法行為になるおそれがあります。また仮に出典を明示したとしても、根拠の薄弱な記述を引用しては意味がありません。インターネットは情報がたく

さんあって便利ですが、それが玉石混交という短所にもつながっています。

　インターネット上の有益な情報の1つが、本章でも紹介した「有価証券報告書」です。これは多くの企業のホームページ上の投資家情報（またはIR：Investor Relations）という欄からダウンロードできるほか、金融庁のウェブサイト「EDINET」からも検索することができます。そのほか、家計調査や商業統計といった、各省庁がまとめている報告書も有益です。大学図書館の多くが契約している新聞や雑誌のデータベースも役に立ちます。

　レポートや卒業論文を作成するときは、何が正しい情報なのかを見極める能力や、参考にした情報から自分なりの意見を導き出す能力が求められているのだと考えるとよいのではないでしょうか。

なるほど。具体的な商品を例に考えたら、ここまで勉強したことの流れが
よくわかりました。

実際のマーケティング活動の立案はこれほど単純なものではなく
て、いったりきたり、試行錯誤の連続だけどね。

試行錯誤は大変そうだけど、そこにやりがいがあるんでしょうね。私もこ
ういう企画をしてみたいな。

実際の仕事だとチームプレイが中心になるから、1人で何でも決
めることは少ないだろうね。でも、こういう事例を題材に今のう
ちに考えてみることは、きっといい勉強になるよ。

さらなる 読書 のために

三谷宏治著/飛高翔イラスト 『マンガ経営戦略全史〔新装合本版〕』
日本経済新聞出版 2023年

500ページ近い厚さですが、漫画ならではの読みやすさがあり、マーケティングを含む経
営戦略全体の歴史的な変化を物語仕立てでまとめています。

嶋口充輝・石井淳蔵・黒岩健一郎・水越康介
『マーケティング優良企業の条件』 日本経済新聞社 2008年

マーケティング活動に優れる9社の市場情報の活用の仕組みを解説しています。花王に
ついては調査部の他部署からの独立による調査活動の客観性がとりあげられています。

第9章

ライバルに勝ち、業界で生き残れ！

売り手・買い手の力関係、業界内の競争関係

この章で学ぶこと
- ☐ 業界・企業を取り巻く5つの競争要因
- ☐ 売上シェアの集中度を判断するハーフィンダール指数
- ☐ 業界の収益性を左右する取引依存度の高さ
- ☐ 参入障壁の高さを左右する規模の経済性や埋没費用

このパン味見してみて。これ、お米でできてるんだって。

米？　でもこれ、パンじゃん。

小麦粉だけじゃなくて米粉も入ってるの。アレルギー対策や小麦粉の値上がりで、米粉を使ったパンも増えてるのよ。

そっかぁ。小麦粉の値上がりは新聞で読んだことがあるよ。原料コストが上がっているのに、大手小売の反対が強くて、パンメーカーはなかなか値上げできなかったんだって。でも、小麦粉の代わりになる米の粉があるなんて知らなかった。

米粉は前からあるけど、高いからあまり使われてなかったんだって。でも小麦粉の値上がりで、代替品として注目されてるのよ。実際、おいしいしね。
あっ、先生！

パン1個をとってみても、原料価格の高騰とそれを商品価格に転嫁できるかどうか、脚光を浴び始めた代替品の存在などたくさんの問題が存在し、パンをつくる業界にとっては頭が痛い問題なんだよ。今日はこれから、業界の収益性を左右する要因には何があるのか考えてみよう。

業界・企業を取り巻く5つの競争要因

　企業のマーケティング活動は顧客ニーズに対応することで売上を増やし、最終的には利益を増やすことが目的です。利益を増やすためには競争相手に勝つことが重要です。ここで企業にとっての競争相手とは誰のことを指すのでしょう？　実は企業にとって競争相手とは、同じ業界で同種の商品を扱う企業（同業他社）だけではありません。

　生産活動をする上で不可欠な原材料や部品を仕入れる供給業者や、自らの生産物を販売する買主も、価格やその他さまざまな取引条件に関する交渉を通じて自社の利益水準が変化するわけですから広い意味では競争相手ということができます。買主とは、マーケティング活動でそのニーズを満たすべき顧客のことですから、競争相手というと少し不思議に思うかもしれません。しかし、安く買いたい⇔安売りはしたくない、こういう商品が欲しい⇔他のお客さんのニーズがないので商品化は難しい、という両者の思惑は対立することもある点では競合関係に立つといってよいでしょう。さらに、今後業界に現れるかもしれない新規参入業者や、業界自体を衰退させかねない代替品も競争相手ということができます。

　こうした企業を取り巻く競争要因を分析したのが、経営戦略の研究で著名なアメリカの経営学者、マイケル・ポーターです*。ポーターは業界の収益性を決める競争要因として次頁の図のような5点を指摘しています。

*マイケル・E. ポーター著、土岐坤ほか訳『競争の戦略』ダイヤモンド社、1995年。

　たとえば製パン業界を中心に考えると、供給業者としては原材料を仕入れる製粉メーカーや包装資材メーカー、買主としては小売店や消費者がその例に当てはまります。代替品としては、米粉パンやレンジでチンして食べられるようなレトルト米飯などが当てはまるかもしれません。

　なお6章で述べたように、自分たちの業界を中心に見たときの他企業との関係のうち、取引相手となる供給業者や買主との関係を垂直関係といいます。また、競争相手となる同種の商品を扱う企業との関係を水平関係ということがあります。

● 5つの競争要因と業界の収益性との関係

　5つの競争要因に関する図は、ある業界の収益性が高いかどうかは、業界自体とそれを取り巻く環境によって決まるということを示しています。

　①既存企業との競合関係は、ある業界においてすでにライバル関係にある企業間の競争が激しいほど、その業界は収益性を高めにくい状況にあるということを示しています。同様に、②新規参入の脅威は、新規参入する企業が出てく

著者のつぶやき 原油や稀少金属（レアメタル）の価格は高騰する傾向にあります。世界的な人口増加や経済成長を考えると、こうした傾向が続くおそれも高いわけで、天然資源の多くを輸入に頼る日本にとっては頭の痛い問題です。

る恐れが高いほど、③代替品の脅威は、業界の既存商品が代替品に取って代わられる恐れが高いほど収益性を高めにくい状況にあるということを示しています。これらは業界の収益性に影響を与える、水平関係における競争要因です。同種の商品を手がけるライバルが多いということは、コストのかさむ商品開発をする必要性や継続的な価格競争に迫られるおそれが高まるので、高収益を望みにくくなるのです。

　また④売り手との力関係は、自分たちの業界が扱う商品の原料や部品を仕入れる供給業者の交渉力が強いほど、業界の収益性を高めにくいことを示しています。同様に⑤買い手との力関係も、商品の販売先の交渉力が強いほど、業界の収益性を高めにくいということを示しています。これらは業界の収益性に影響を与える垂直関係における競争要因です。取引相手の力が強いということは、自分たちの業界が扱う商品の価格を高く設定しにくい、供給先に対して原料価格の引き下げを要求しにくいということになるので、高収益を望みにくくなるのです。

業界の収益性は何によって決まる？

　　　それでは5つの競争要因とは具体的にはどのようなものがあるのでしょう

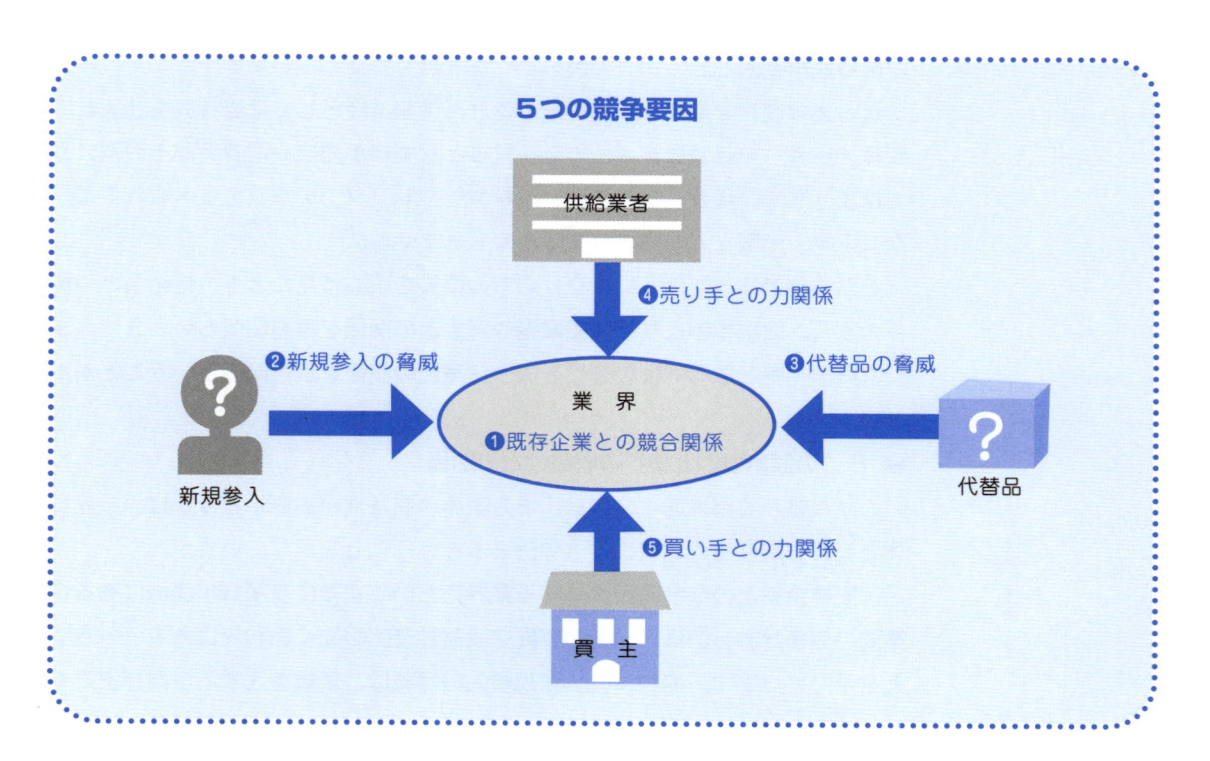

5つの競争要因

供給業者

❹売り手との力関係

❷新規参入の脅威　　　　　　　　　　　　　❸代替品の脅威

業　界
❶既存企業との競合関係

新規参入　　　　　　　　　　　　　　　　　　代替品

❺買い手との力関係

買　主

**著者の
つぶやき**　企業にとって業界内の競争相手や売り手・買い手との力関係は今までの状況からある程度把握できるのですが、新規参入や代替品は図で「？」と表しているように、相手が見えないことが大きな脅威です。

か。たとえば売り手や買い手との力関係は何によって決まるのでしょうか。以下では主に業界や企業に関するもの、商品に関するものの順に説明します。

● **業界・市場の成長率**

市場の成長率の高さは、業界の収益性を大きく左右します。**成長率が低い場合は、競争は激しくなり業界全体の収益性も悪化する傾向**にあります*。各社は売上を増やすためには他社の売上を奪わざるをえなくなる、いわば限られたパイの奪い合いとなるからです。

一方で成長率が高い場合は、他社の売上を奪わなくても自社の売上が拡大する余地が大きく、各社は価格競争のような収益を削る活動よりも、商品開発や市場開拓によって収益機会を増やす活動が増えるはずです。売上シェアを一気に高める企業や新規参入企業が現れてシェアを減らしたり市場から撤退したりする企業が出たとしても、業界全体でみれば収益性が悪化する状況は招きにくいでしょう。

● **売上シェアの集中度**

業界内での企業間の競争が激しいと、収益性は悪化する傾向にありますが、その競争の激しさを表す指標があります。

1つは、**上位K社集中度**です。これは売上上位の数社の合計シェアで表され、**集中度が低いほど競争が激化する傾向**にあります。たとえば矢野経済研究所の『日本マーケットシェア事典2024年版』を参考に国内市場の上位4社集中度を比較すると、婦人服は12.5%、紳士服は11.9%と低いのに対して、ビール系飲料は98.8%と非常に高いですから、婦人服や紳士服といったアパレル業界はビール業界と比較して収益性を高めにくい状況にあるといえます。

もう1つは、ハーフィンダール指数というものです。これは

$$ハーフィンダール指数 = \sum_{i=1}^{n} (i社の市場シェア)^2$$

という式で求められます。Σ（シグマ）以下の式の内容は、各社の売上シェアを2乗したものを足しあげるということです。上位K社集中度では各社の売上シェアを単純に合計しただけですが、売上上位企業のシェアが近接している場合にはライバルより一歩抜け出そうとして競争が激化するはずです。それを表現できるのがハーフィンダール指数で、**この数値が低いほど競争が激化する傾向**となります。次図の計算例を見てください。

A市場、B市場ともに上位3社集中度は100%ですが、トップ企業と2位以下の企業との売上シェアの差を比較するとA市場よりもB市場のほうが近接しています。このためB市場はA市場よりも競争が激化し、収益性も悪化しやすいと

＊たとえば、第4章で学んだ製品ライフサイクルの成熟期や衰退期の状況がこれに当てはまります。

著者のつぶやき 公正取引委員会が定期的にまとめている「生産・出荷集中度調査（インターネット上でも閲覧できます）」でも、さまざまな業界の上位K社集中度やハーフィンダール指数が公表されています。

ハーフィンダール指数の計算例

A市場

		市場シェア	市場シェアの2乗
	1位企業	70%	4900
	2位企業	20%	400
	3位企業	10%	100
合　計		100%	5400

B市場

		市場シェア	市場シェアの2乗
	1位企業	50%	2500
	2位企業	30%	900
	3位企業	20%	400
合　計		100%	3800

考えられます。

● 取引依存度の高さ

　取引依存度とは、企業や業界の取引関係において特定の相手先との取引が取引全体に占める割合のことをいいます。たとえば企業が自社商品の大半をある買主1社に販売している場合や、業界が特定の原材料の仕入をある供給業者1社にすべて依存している場合は、**取引依存度が高い**といいます。取引依存度が高い場合は、取引相手に対する交渉力が弱まります。つまり原材料の仕入れコストを引き下げることが難しくなったり、自分たちの商品の販売価格を引き上げることが難しくなったりするので、自分たちの企業や業界から見た場合には収益性が低下することになります。

　取引依存度は、供給業者や買主の業界の上位K社集中度やハーフィンダール指数が高い場合に高まりやすい傾向となります。たとえばパンメーカーの商品販売先である小売業の上位集中化が進んでいくと、小麦価格の高騰に伴ってパンの製造コストが上昇しても、製パン業界はそれを販売価格に転嫁しにくくなってくるわけです。

　また供給業者が提供する原材料や部品が代替性の効かないものであったり、逆に自分たちの商品が他の商品でも代替されやすいものである場合も、取引依存度が高まりやすい傾向となります。たとえばパンメーカーにとって小麦粉が必須のものであれば、小麦の価格高騰に対して仕入れ価格の引き上げを受け入れざるをえないでしょうし、小売店や消費者にとってパンはおにぎりやそばで

取引依存度が高い場合、低い場合

取引依存度が高い場合

取引依存度が低い場合

も代替が容易であるのであれば、パンメーカーが商品価格を引き上げることは難しいでしょう。

● 商品の差別化の程度

　業界内で販売されている各社の商品の差別化の程度も収益性に大きな影響を与えます。商品ごとに内容や品質や顧客層などでの差別化が進んでいる場合は、各商品のすみわけが可能なので競争は激化しにくいのですが、そうした差別化が難しい場合は価格面での競争が激化しやすく、業界の収益性は低下する傾向となります。たとえば高級ブランドのバッグのようにデザインがブランドごとに大きく異なり、顧客がその高級なイメージに対してひきつけられている場合に比べて、コピー用紙や縫い糸のように商品ごとの品質に大差がなかったり買い手が厚さとか色といった明確な基準で比較できたりする場合の方（このように商品内容や品質が均一化・共通化して同種の他の商品でも代替が可能になることをコモディティ化ということがあります）が、価格競争は激しくなるでしょう。

　また、差別化の程度が低い場合は、新規参入や代替品の脅威が増すことによって業界の収益性が低下する傾向をまねくことになります。たとえば小麦粉でも米粉でもパン作りに支障がないのであれば、小麦粉の製粉メーカーにとって米粉は大きな脅威となり、小麦粉の価格引き上げは難しくなるかもしれません。デジタルカメラやスマートフォンでも動画撮影ができるようになると、ビデオカメラ業界は業界外にも競争相手が増えるわけです。

　代替品の脅威に企業が対処するためには、自社の商品の特徴を明確にして、

**著者の
つぶやき** 商品がコモディティ化すると価格競争が激化しやすいのはたしかですが、コモディティ商品の典型である原油や
鉄鉱石、大豆や小麦などのように、需要の急増や供給の急減によって価格が急騰することもあります。

＊商品の特徴の明確化には第3章で学んだポジショニングを明確にすることが有効です。

どのような代替品に取って代わられるおそれがあるかを把握しておくことが重要です＊。

● 参入障壁の高さ

すでに存在する市場に、新たな企業が参入することの難しさを参入障壁といいます。**参入障壁が高いと、競争は激化せず収益性は高まる傾向**となります。

商品の製造や販売に政府の免許が必要である場合や、他企業が斬新で有用な発明によって特許を有している商品分野の場合は、他社がその業界に新規参入することは容易ではありません。免許制度のような**法規制が参入障壁となる**場合があるのです。酒税の確保や国民の健康という観点から酒類の製造には免許が必要ですし、企業の活発な研究開発を促進しそれに要した先行投資の回収を容易にするという観点から、医薬品の多くは商品開発時に長期間に及ぶ特許が認められています。

また**商品の生産活動にかかわる費用構造が、新規参入を事実上難しくするような参入障壁となる**場合もあります。商品を1単位生産するコストが、大量生産をするほど低減する**規模の経済性**がはたらく場合や、単一の商品に限定せずに多種類の商品を生産する方がコストを低減させる**範囲の経済性**がはたらく場合がこれに当たります。鉄鉱石を溶かす大規模な高炉が必要となる鋼板業界は規模の経済性が効きやすいから新規参入はコスト倒れになりやすいですし、液晶テレビは携帯電話やパソコン用の液晶パネルも生産している企業でないとコスト競争を勝ち抜いていくことが難しいのです。

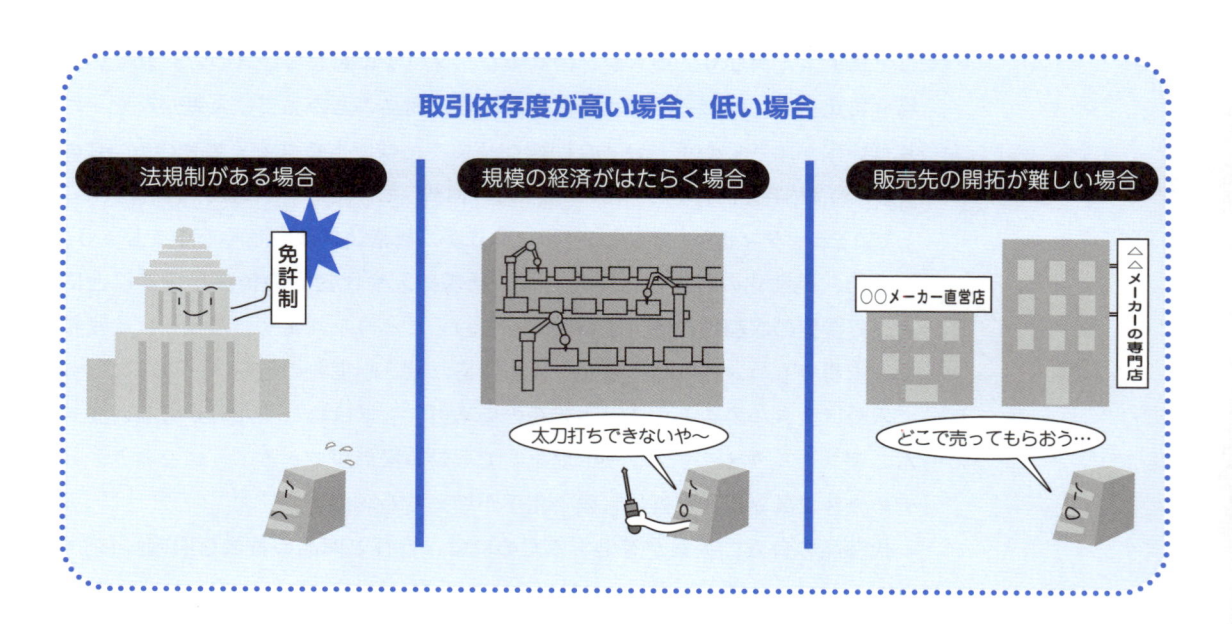

　同様の観点から、商品生産に占める固定費の割合が高い業界や在庫費用の割合が高い業界も新規参入が困難です。たとえば高級な家具や宝飾品を販売するためには、仕入れてから売れるまでに時間がかかるはずで、そのため大規模な事業展開には多額の運転資金が必要となるから新規参入は難しくなります。

　逆に、市場から撤退する際にそれまでの設備投資の費用回収が困難となる（これを埋没費用とかサンクコストということがあります）業界は、撤退する企業が増えないので結果的に競争が激化して収益性が低下する傾向となります。鉄道事業者が線路を敷いた土地を売ろうと思っても、細長い土地の買い手を見つけることは難しいから事業の撤退は容易ではありません。こうした費用構造も業界の収益性に影響を与えます。

　なお、ある種の費用構造をもつ業界については法規制によって事実上独占が認められ、高い参入障壁となる場合があります。それは電力、ガス、水道、鉄道事業のように市場からの撤退時に埋没費用が莫大になるものの、規模の経済性や範囲の経済性がはたらくことで市場を放置しておくと最終的には自然と独占状態となってしまう自然独占をまねく業界です。

流行　就職ランキング上位はいい会社？
就活の戦略と戦術

　毎年、大学生の人気就職希望先ランキングがニュースになりますが、どの業界、どの会社がみなさんにとって良い就職先なのでしょう？　この答えはもちろん人それぞれですが、私はこんな印象を持っています。

　大学生はアルバイトをしているとしても社会経験はまだ乏しいので、自分の身近な業界、たとえばよく見るテレビ局や買い物にいく百貨店、好きな衣料ブランドやバイト代が振り込まれる大手銀行、などを選ぶ傾向があるような気がしてなりません。そんな会社がランキングの上位にたくさん出てくるようです。たしかになじみのある業界を中心に就職活動をするのもいいのですが、視点を変えるともっと多くの業界に興味を持てると思います。

　たとえば、この章でも説明した上位集中度の低い業界ならば競争が激しいけれども新規参入のチャンスがあって将来自分で会社を興すのに適しているのではないかとか、逆に競争環境が安定している業界ならば経験の少ない若手社員が成長できる機会や余裕を会社が与えてくれるのではないかというのも1つの見方です。私たちが直接利用することは少ないけれども、ポケットに入っているスマートフォンの部品を作っている部品メーカーや、メーカーと百貨店の間で商品を仲介している卸売会社の中にも優れた会社はあるはずです。

　単に知名度の高い企業や消費者向けの商品・サービスを取り扱っている企業だけではなくて、自分の将来のキャリア展開に適した競争構造をもつ業界・企業や企業向けの部品・製品を取り扱っている企業にも目を向けることが、就職活動を成功させるポイントだと私は思います。

あるいは、販売先つまり流通チャネルの開拓が難しい場合も参入障壁となることがあります。小売店の多くがメーカーの直営店や専売店として系列化されている場合は、せっかく商品を生産しても最終ユーザーの手元に届けることが困難となるからです。

● 新規参入や代替品

　環境問題への注目や抜本的な技術革新や消費者ニーズの変化などがきっかけで新規参入や代替品が生まれてくると、今までの競争状態が大きく変わることがあります。二酸化炭素排出規制による電気自動車の普及は、ガソリン自動車の販売台数にダメージを与えます。洗剤やトイレタリーなど消費財化学メーカーとして高い収益性をほこる花王が、その資金力と研究開発力を活かして食品分野に参入することは、多くの食品メーカーにとって脅威となります。

課 題

この章のテーマをさらに
深めるために

１　記述式

次のA、B業界のハーフィンダール指数をそれぞれ計算し、ハーフィンダール指数の観点からはどちらの業界のほうが収益性が低下する可能性が大きいかを指摘しなさい。

A 業 界	市場シェア
1位企業	40%
2位企業	30%
3位企業	30%
合　　計	100%

B 業 界	市場シェア
1位企業	60%
2位企業	20%
3位企業	10%
4位企業	10%
合　　計	100%

２　選択式

次の（ア）〜（エ）のうち正しい記述を組み合わせたものを①〜④から１つ選びなさい。

（ア）すでにライバル関係にある企業間の競争が激しい業界は収益性を高めにくい。

（イ）新規参入企業が出てくる可能性が高い業界は、魅力度の高い市場なので収益性も高くなる。

（ウ）原料や部品の仕入先の交渉力が強い業界は、商品原価が上昇しやすいので収益性を高めにくい。

（エ）商品の販売先の交渉力が強い業界は、商品を大量に供給できるので収益性を高めやすい。

　　　①ア、イ　　②ア、ウ　　③イ、エ　　④ウ、エ

３　自由研究

乗用車業界を中心にみたときの５つの競争要因を図に示し、この業界の収益性はどのような状況にあるか考えなさい。

答えはp.151

業界を取り巻く5つの競争要因か。企業のマーケティング活動はライバル企業だけじゃなくて、取引先との関係にも大きな影響を受けるんだな。

取引先って、なんかイメージしづらかったんだけど、仕入先の部品メーカーとか、販売先の小売店ってことなのね。

大学生は会社勤めをしているわけじゃないから、企業間の関係がわかりにくいのは仕方がないね。
同じ業界の他社との競争に打ち勝つことや顧客ニーズにこたえることだけではなくて、供給業者との仕入価格の交渉や代替品に取って代わられないような対策をしておくことも重要な企業活動なんだよ。

ハーフィンダール指数はシグマが出てきますね。数学は苦手です。

一見とっつきにくいけど、各社のシェアを2乗したものを足し上げていくだけだよ。マーケティングはビジネスに関する学問だから、議論を客観化するために数字は不可欠な場面もあるよ。

さ ら な る 読 書 の た め に

水島治ほか『高校生のための大学の授業』弘文堂　2008年

この章の内容は主に経営学の内容ですが、このようにマーケティングはいろいろな学問分野と関係しています。この本は経営学、会計学、法学など7つの分野について、高校生でも理解できることを目標に、私も含めた7人の大学教員が書いたものです。

マイケル・E・ポーター著/竹内弘高訳『新版　競争戦略論』ダイヤモンド社　2018年

この章でとりあげた5つの競争要因のほか、業界の競争構造を多角的に分析した経営戦略論の名著です。ボリュームが多く難解だと感じるかもしれませんが、この本を読みこなせれば立派な大学生といってよいでしょう。

私たちの買い物に何が影響を与えているの？

第**10**章

消費者行動

この章で学ぶこと
- ☐ 商品についての知識や関与はなぜ購買行動に影響を与えるのか
- ☐ 購買行動モデルの２つのタイプ：刺激-反応型と情報処理型
- ☐ 人間関係がなぜ購買行動に影響を与えるのか
- ☐ ブランド・コミットメントとバラエティ・シーキング

この前テレビ観ていたら、私が好きな女優さんが可愛い帽子をかぶっていてね。それで私も同じ帽子が欲しくなって買っちゃった。

へぇ、そういうものかな。僕はキャップにはこだわりがあって、いつも同じブランドのものしか買わないんだ。でもこの前うちの兄さんが僕の持っているのと同じキャップを偶然買ってきちゃって。なんかはずかしいんだよなぁ。

こだわりがあると帽子ひとつでもいろいろ悩むことがあるのね。そういえば今日のゼミのテキストを予習していたら「準拠集団」っていうことばがあったけど、好きな女優さんや家族もこれに含まれるのかな？

うん、そうだと思う。とくにこだわりのないものだと、周りの影響や意見で買い物を決めたりするみたいだよ。

準拠集団。冒頭からいきなり難しい単語が出てきましたが、どういう意味なのでしょうか。私たちが買い物をするときに何に影響されているのか、いろいろな視点から考えていきましょう。

買い物をするときの消費者の頭の中

● 消費者行動とマーケティング

消費者行動とは一言でいえば、商品の購入や消費、処分の際に行う諸活動のことで、活動の中には買い物をするような目に見える動きだけでなく、意思決定やそこに至る情報処理などの心理的な動きも含まれます。またそうした活動には企業のマーケティング活動が影響を与えるだけではなく、社会環境のような広範な外部要因も影響を与えています。

そのために消費者行動に関する研究はマーケティングの視点からだけでなく、心理学や社会学の視点からも注目を浴びる学際的な領域になっています。

しかし以下では、そうした消費者行動を巡る学問的な議論よりも、その考え方がマーケティング活動にどのように応用できるかという点を中心に述べていきます。顧客ニーズへの対応を基本とするマーケティングでは、消費者がどのような経緯で商品購入に至るのかを理解する必要があるからです。またその点で、消費行動や処分行動を含む広い意味での消費者行動ではなく、購買行動に絞って話を進めていきます。

● 知識と関与

消費者の購買行動に大きな影響を与える概念に知識と関与があります。消費者が商品購入の意思決定をする過程で、さまざまな情報処理を行うか否か、行うとしたらどのような方法や水準で行うかといった判断は、その商品分野に関する知識の高低と、関与の高低で変わってくるからです。

知識とは、購買決定や商品選択といったことがらについて、外部からの情報や自身の経験によって蓄積した認識のことで、関与とはそうしたことがらについて消費者自身が有する関心や興味のことです。すなわち、知識の高低は消費者の情報処理の能力を左右し、関与の高低は情報処理への動機づけを左右すると考えることができます。一般的にいえば、低価格の商品であれば関与が低く、高価格の商品であれば関与が高くなります。高度な電気製品や化学的に生成された医薬品であれば知識が乏しく、加工度の低い食品や文房具であれば知識は比較的豊富であるといえるでしょう。

ただ、趣味の品であれば関与が高くなるし、仕事や学問の専攻に関係する商品であれば知識が豊富になりますから、消費者個々人によって知識や関与の状態は異なり、絶対的な基準があるわけではありません。たとえば乗用車の運転が趣味の消費者が自動車を購入するのであれば、知識は高く、高額商品の購入だから関与も高いでしょう。食べ物に無頓着な消費者が一般的なレトルトカ

レーを買うのであれば、原材料や製造方法などの知識は低く、関与も低いといえるでしょう。このことを踏まえた上で、消費者の購買行動を大きく2つに分けて考えてみます。

● 刺激–反応型

1つは刺激–反応型といわれるモデルです。**刺激–反応型は、消費者は外部から与えられた刺激に受動的に反応して購買に至ると考える**ものです。たとえば、小売店頭で試食販売や大量陳列のようなセールスプロモーションが行われていたときに、消費者がその刺激にダイレクトに反応するようなケースがこれに当たります。

このモデルは1960年代以降にアメリカで考案され、**S-Rモデル**（Stimulation：刺激、Response：反応）、**S-O-Rモデル**（Organism：生活体）、考案者の名前からつけられた**ハワード–シェスモデル**などが存在します。これらのモデルは、外部からの刺激に対して消費者が反応するという点では共通するのですが、S-RモデルとS-O-Rモデルとはその過程、つまり消費者の頭の中を把握不可能なブラックボックスととらえるか、把握が可能な生活体ととらえるかで大きな違いがあります。また、S-O-Rモデルについては反応に至る頭の中の構造をどうとらえるかでさらに細分化されます。その中でも著名なハワード–シェスモデルによると、未知の商品購入の場合は情報収集活動に力を入れ、買い替えのような長所・短所がわかっている商品購入の場合は、特定の問題の解決だけに焦点を絞り、日常的な商品購入の場合は家庭内在庫と小売店のプロモーション状況でパターン化された問題を解決するとされます。

消費者の購買行動のイメージ

刺激一反応型

安い！

cashier

情報処理型

どれにするか迷うなあ

友人から情報収集

著者のつぶやき 関与はさらに、認知的関与と感情的関与に分かれます。前者は機能性や論理的な判断を前提としますが、後者はイメージとかカッコ良さといった感覚的なこだわりです。

　あらゆる消費者が常に刺激−反応型で行動しているとすれば、消費者自身の意思よりも企業側のマーケティング活動によってその購買行動が決定されることになるわけですから、企業にとっては都合がよく思えます。

　実際に、低価格の商品や消費者の関与が低い商品の場合、商品選択に失敗したとしても大きなダメージは受けませんから、こういう比較的単純な過程で購入に至ることが多いのです。しかし高価格の商品や消費者の関与が高い商品では、消費者は次にあげるようなモデルで購買行動に至ると考えられます。

● 情報処理型

　それが、もう１つの情報処理型といわれるモデルです。情報処理型は、消費者は自ら認識している問題を解決し目標を達成するために能動的に情報を取得して、それを頭の中で処理して選択肢を絞り込んで購買に至ると考えるものです。たとえば住宅を購入するときに、予算制約や居住面積の希望を認識した上で自ら住宅展示場やセールスマンから情報を取得して、検討を重ねていくようなケースがこれに当たります。

　このモデルは1970年代以降にアメリカで考案され、考案者の名前を付けたベットマンモデルがその代表例です。ベットマンモデルでは消費者の情報処理能力が意思決定の過程全体をコントロールすると仮定しています。

　たしかに高価格の商品のような消費者の関与が高い場合、商品選択に失敗したときのダメージが大きいため、プロモーションなどの外部の刺激で購入を決めるのではなく、事前に情報収集を行い、比較検討を十分に行うことが多いはずです。さらに関与に加えて知識も豊富な商品であれば、消費者はち密な情報処理を行うことが可能です。しかし現実には消費者は、常に情報を論理的に判断することはできない点でこのモデルには矛盾が生じます。

　そこで情報処理型の発展モデルとして精緻化見込みモデル（Elaboration Likelihood Model：ELM）が考案されました。このモデルは消費者の購買に至る態度形成を、豊富な知識を背景に論理的に判断できる「中心ルート」と、知識が乏しいために第一印象やイメージなどの感情的な判断を行う「周辺ルート」に分けるものです。

　比較的高額なために関与が高いはずの家電製品でも、私たちは機能のあまりの多さや取扱説明書の複雑さに呆然とすることがあります。これはメーカーの技術者との知識の違いに原因があるのでしょうが、こういう場合の態度形成は「周辺ルート」をたどっていることになります。乗用車や家電製品でいくつかのグレードがある場合に最低価格のグレードは機能がすっかり省かれている場合がありますが、これは複雑な情報処理を半ばあきらめて「安いから選ぶ！」と

著者の
つぶやき　仕事がらパソコンを多用する人は、CPU性能とか重さといった機能的なスペックで商品選択し、そうでない人はデザイン性で選ぶことが多いのではないでしょうか。

いう感情的な判断を行う消費者をターゲットにしているのかもしれません。

買い物に影響を与える消費者の人間関係

購買行動はマーケティング活動による外部の刺激と消費者の頭の中だけで決定するわけではありません。その消費者の周囲の人間関係も影響を与えているのです。

● 準拠集団

人間関係の1つが準拠集団です。**準拠集団とは、個人の意識や行動に影響を与える集団のこと**をいい、家族や親戚、学校のサークルや職場・地元の友人グループといった自分が属している帰属集団と、好きな俳優やスポーツ選手のような自分が属したいと思う期待集団があります。

準拠集団の購買行動への影響は、友達が使っているのと同じ腕時計を手に入れたいとか、あの俳優がドラマで使っていたのと同じブランド品を身につけたいという形で現れます。商品を必需品かぜいたく品かという必需性と、外部の目に触れる環境で使うか否かという使用場面で4分類した場合、ぜいたく品の方が準拠集団の影響を受けやすく、外部の目にふれる商品の方が準拠集団の影響を受けやすい傾向があります。ただしこうした準拠集団の影響は、消費者のその商品に対する関与が強い場合には弱まります。

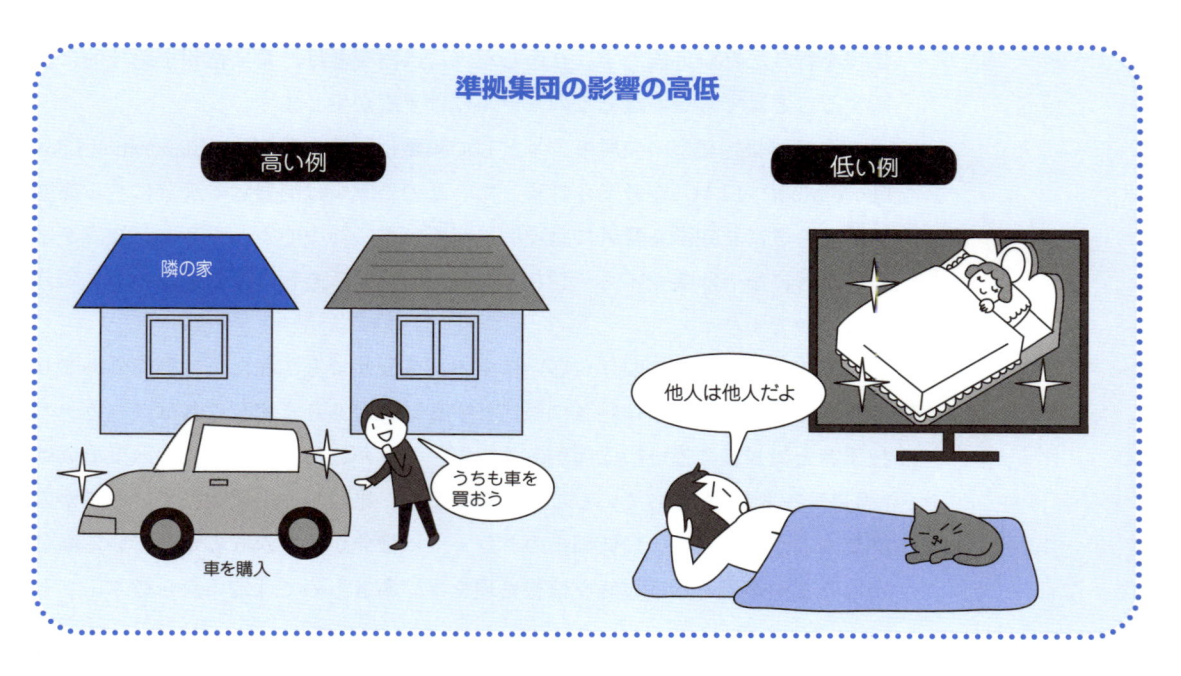

準拠集団の影響の高低

高い例　隣の家　うちも車を買おう　車を購入

低い例　他人は他人だよ

著者のつぶやき　商品選択の方法には、重要な評価項目で最高得点となった商品を選択する辞書編纂型や、評価項目ごとの得点の総和が最高となったものを選択する線形代償型などがあります。

また準拠集団のクチコミも、消費者の購買行動に大きな影響を与えています。近年はクチコミの入手先は顔が見えて身近な存在の準拠集団だけではなく、インターネットを介して広がっています。

● 新製品の普及とオピニオンリーダー

周囲が与える購買行動への影響は、新製品の普及過程で説明することもできます*。画期的な新製品の購入者は、①初めは少人数ですが、②次第に増加します。そして②のような段階での利用者が他人の意思決定に影響を与えるオピニオンリーダーとなることで、③彼らに追随する購入者が飛躍的に増加する段階を迎えます。その後、④流行や新技術には左右されにくく価格に敏感な人々も購入者となり、⑤こうした変化に批判的な層も現実を受け入れて製品購入をしていきます。

図のように①～⑤は、①：イノベーター、②：初期採用者、③：前期追随者、④：後期追随者、⑤：採用遅滞者とよばれます。企業の立場でみると、自社の取り扱い商品の売上を伸ばすためには、新しいものにすぐ飛びついてくれるイノベーターよりも、一般大衆のオピニオンリーダーになりうる初期採用者が購入に踏み切ってくれることが重要になるわけです。

*エベレット・ロジャーズ著、三藤利雄訳『イノベーションの普及』翔泳社、2007年。

● デモグラフィック属性やサイコグラフィック属性

性別や年齢、所得や職業といった人口統計的なデモグラフィック属性も消費者の購買行動を左右します。大学生ならば気軽に食べられるスナック菓子も40歳ともなれば気恥ずかしさや健康に気を使うことで手に取りにくくなるものですし、銀行員のようなお堅い職業に就く人が選ぶ仕事着は落ち着いたものであることが多いです。

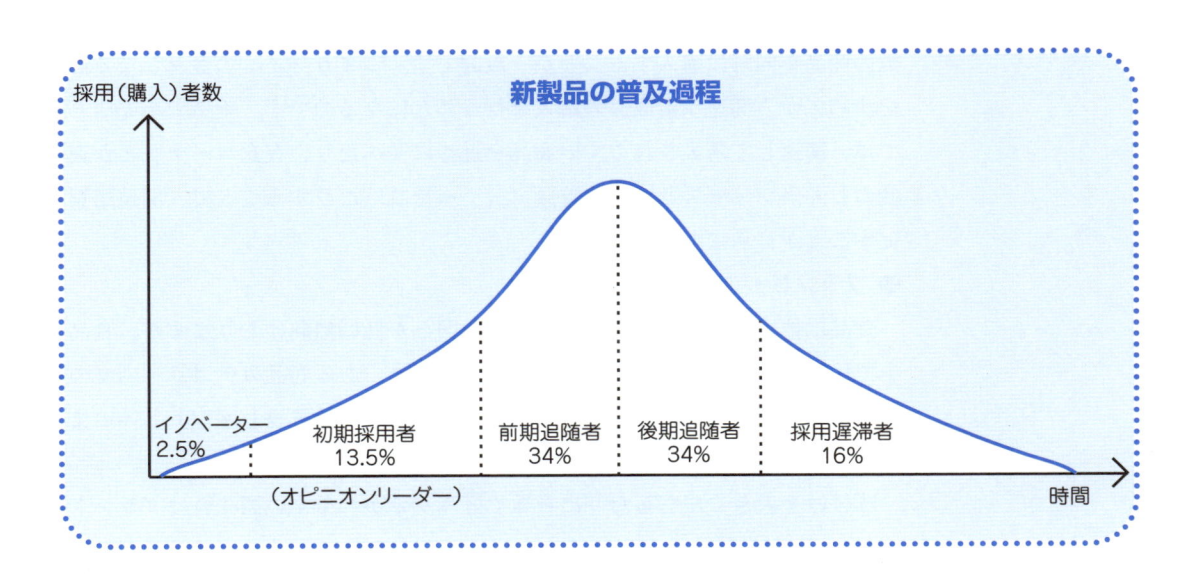

新製品の普及過程

採用（購入）者数 / 時間

| イノベーター 2.5% | 初期採用者 13.5% | 前期追随者 34% | 後期追随者 34% | 採用遅滞者 16% |

（オピニオンリーダー）

著者のつぶやき ブランド・コミットメントの高低は時代によっても変化します。たとえば塩や砂糖は調味料としてひとくくりにするのではなく、岩塩、海塩、黒砂糖など、こだわりをもって商品選択する人が増えています。

103

性格的、心理的な個人の嗜好をあらわすサイコグラフィック属性も消費行動に影響を与えます。これらは2章で取り上げたようにマーケティング活動におけるセグメンテーションに欠かせない切り口ですが、その妥当性は消費者行動の点からも裏付けられるのです。

小売店頭での消費者行動の分析

● 店頭マーケティングと購買行動

　店舗間競争が激しさを増しているために広範囲からの集客が難しくなっている小売店にとって、来店した消費者の購買行動を知ることは売上拡大に大きな効果があると考えられています。たとえば比較的低額で消費者の関与が低い商品を多く取り扱う**スーパーマーケットでは、店頭での刺激づくりの巧拙が消費者の購買行動に大きな影響を与え、結果的に売上高にも影響を及ぼす**はずだからです。

　チェーンストアの店頭マーケティング活動の研究を続けている（財）流通経済研究所は、事前にどの商品カテゴリーを購入するか決めた上で来店しそれを計画通りに購入する割合である計画購買率は、食品売場全体で3割に満たないことを明らかにしています。つまり購入商品の7割以上は店頭での品ぞろえや価格、その他の情報をもとに意思決定を行った非計画購買ということになります。このことから店内での情報提供によって消費者が購買の意思決定を行っていることは明らかです。

　非計画購買が多くなる理由の1つが**関連購買**の多さです。高額の商品と異なり食品は、夕食やお弁当のおかず、日本そばと麺つゆと長ネギというように複数の商品を同時に購入することが一般的です。つまりメインの食材となる商品を決めてから関連する商品の購入を行うことになるのです。そこで小売店としては、関連して購入されやすい商品を近くに並べたり、夜食コーナーとか運動会のお弁当シリーズといった特設コーナーを設けたりすることで、関連購買を促すことが容易になります。

● ブランド・コミットメント

　食品は他の商品と比較すれば消費者の関与が低い傾向にありますが、食品の中で比較すれば関与の高低に違いが見られます。ある商品カテゴリー内での特定のブランドに対する消費者の愛着度を**ブランド・コミットメント**といいますが、その程度は商品分野によって異なります。

　味付けを大きく左右したり出身地で好みが分かれやすい調味料はブランド・

著者の
つぶやき　販売員が少なく接客を行わないセルフ販売の店では、商品陳列が顧客に対する大きなアピール手段になるので、消費者行動を意識した店舗づくりの重要性が高まります。

コミットメントが高い商品の典型例です。このような商品では陳列商品数を絞り込むと、好みに合う商品を見つけられない消費者を他店に奪われることになりかねないので、品切れを防ぐことも含めて店頭管理に注意が必要です。逆にトイレットペーパーや消しゴムのように消費者がこだわりをもたず習慣的、惰性的に購入する傾向が強いブランド・コミットメントの低い商品であれば、陳列商品数を最小限に絞り込んでもあまり問題は生じません。このような商品分野では、小売業の独自商品で低価格販売が可能なプライベートブランドを大量陳列することの有効性が高まります。

● バラエティ・シーキング

もう1つの重要な概念がバラエティ・シーキングです。これはある商品カテゴリー内で複数のブランドの情報収集を行い比較検討したいという欲求の高さで、これも商品分野によって程度が異なります。

物珍しさや飽きやすさからいろいろなブランドを試したいスナック菓子はバラエティ・シーキングが高い商品の典型例ですし、一度決めた味付けを変えづらい醤油のような基本調味料はバラエティ・シーキングが低い商品の典型例です。バラエティ・シーキングの高い商品であれば商品の入れ替えを頻繁に行って消費者を飽きさせないことが売上拡大に有効だと考えられます。店舗面積の狭いコンビニエンスストアでは、売れ行きが良くないと数日で販売が中止され、他の商品に陳列スペースを奪われることが少なくありませんが、カップ麺や清涼飲料水のようなバラエティ・シーキングの高い商品では、こうした機動的な商品の入れ替えは合理的な行動であるということができます。

1　記述式

消費者行動における刺激–反応型と情報処理型の消費者モデルを比較した場合、大きく異なる点は何か。「受動型」「能動型」という2つの単語を用いて述べなさい。

2　選択式

関与と知識について以下のうちから正しいものを1つ選びなさい。

（ア）関与が低い商品の典型例は高額な商品である。

（イ）知識が高い商品は常に高額な商品である。

（ウ）関与と知識がともに低い消費者は論理的な購買行動を行う可能性が高い。

（エ）関与と知識がともに高い消費者は論理的な購買行動を行う可能性が高い。

3　自由研究

スーパーマーケットが値引き販売によらずに来店客の購買商品点数を増やすのに有効な施策は何があるか。

答えはp.151

消費者行動の実務への応用
食品スーパーの売場づくり

本文でも述べたように、食品スーパーの売場づくりは消費者の購買行動をかなり意識しています。たとえば身近な食品スーパーで以下のことを確認してみてください。

（1）お店の入り口付近には野菜、肉、魚のどれを主に売っているか。それはなぜか。

（2）味噌の近くに売っているものは醤油とカップみそ汁のどちらか。それはなぜか。

（3）冷凍食品売り場はレジの近くにあるか。そうだとすればそれはなぜか。

お店の入り口付近では野菜や果物といった青果物を売っており、その奥に肉や魚のコーナーが続くことが一般的です。この理由としては青果物はいろどりが鮮やかで店舗が華やいだ雰囲気になるとか、香りが少ないものが多いといった点に加えて、来店客の多くが購入する商品だということが挙げられます。

食事のおかずをイメージするとよいのですが、肉か魚のどちらかに加えて野菜は常に並んでいることが多いのではないでしょうか。購入率の高い商品を目立つ入口に置くのは、消費者の買いやすさを助け、店舗の売上高を増やすのに不可欠なアイデアなのです。

次に、味噌の近くに醤油を置くのは調味料つながりの関連購買を促すという点でよくわかるのですが、カップみそ汁と並べるのはあまりよいアイデアとはいえません。味噌でみそ汁を作る人はおそらくカップみそ汁を買わないからです。カップみそ汁はカップスープやレトルト式の米飯と並べておく方が消費者の購買行動を熟知したセンスの良いお店だと思います。

最後に、冷凍食品はとけやすいですから、お勘定をすませるレジのそばにあるお店が多いはずです。同様に、割れやすい卵やかさばるトイレットペーパーなどもレジ近くにおいてあるお店が多いと思います。

食品スーパーに限らず、コンビニエンスストアやレンタルビデオショップなども消費者の買いやすさを意識した売り場づくりをしているはずです。ぜひいろいろ考えながらお店の中を見てみてください。

著者のつぶやき　顧客への視覚的効果を重視した品揃えや商品陳列の方法をVMD（ヴィジュアル・マーチャンダイジング）といい、とくに衣料品店で積極的に導入されています。

コンビニで新しいデザートを見つけると、思わず買っちゃうんだけど、あれって刺激-反応型の行動なのね。

僕は、いろいろ吟味して買ったノートパソコン、結構気に入らないところが出てきてるんだけど、安かったし、デザインがいいから仕方がないって納得するようにしてるんだ。

迷ったうえで購入しなかった商品の方がよかったなと購買行動後に悩む状態を認知的不協和という。論理的な情報処理を行って商品選択をしたときに、むしろ生じやすい問題なんだ。サトシ君のように、いろいろ考えて自分を納得させることを認知的不協和の解消というんだよ。

ブランド・コミットメントにバラエティ・シーキング。お店で売っている商品にもいろいろな性格があるのね。

何の気なしにいろんなお店に入っていたけど、けっこう僕たちの買い方を研究しているんだね。なかなか手ごわいな（笑）。

マーケティングは商品の売買に関係した学問だから、学ぶことは本の中だけにあるわけではないんだよ。むしろ消費者の立場で小売店の買いやすさを評価したり、新商品がなぜ次々に出てくるのか考えたり、普段の買い物から学べることも多いんだ。

さ ら な る
読 書
の た め に

青木幸弘『消費者行動の知識』日経文庫　2010年

消費者行動の第一人者が書いた本です。新書サイズなので分量が少ないですが、消費者行動という学問をわかりやすく全般的に述べています。

寺﨑新一郎『グローバル社会の消費者心理』早稲田大学出版部　2024年

消費者心理の中でも外国に対する態度について、行為や愛着といったポジティブ要素と敵対心のようなネガティブ要素、自国中心主義といった概念を解説しています。

第11章 インターネットでの売り方の特徴は？

e コマース

見て、このノートパソコン。インターネットで価格を比べて一番安いネットショップで買ったから、予想していたより安かったんだ。

ネットで買うのってなんか怖くない？　私、前にネットで服買った時、思っていたよりサイズが大きくて失敗したことがあるの。

そんなことないよ。パソコンはどこで買っても同じモノだし、壊れてもメーカー保証がついているから安心だよ。

そっか。服だとショップによってサイズが微妙に違うけど、パソコンは型番が同じなら大丈夫なのね。

それに価格比較サイトには、使いやすさとかいろいろなクチコミが書き込まれているから参考になったんだ。

インターネットで買い物をする。慣れている人には当たり前かもしれませんが、いろいろ便利な点がありそうです。

eコマースってなに？

● 電子商取引を分類してみる

インターネットで買い物をする。たとえば本とかTシャツとかパソコンとか。買うのはこうした形のあるモノだけではなく、音楽ソフトやオンラインゲームのような形のないデジタルコンテンツ＊やサービスの場合もあるでしょう。そしてオンラインを使って買い物をするのは私たち消費者だけではなく、企業の場合もあるはずです。

オンラインネットワークでモノやサービスの購入をする電子商取引（Electoronic Commerce：略してeコマースということもあります）はどのように分類できるでしょうか＊。経済産業省が毎年まとめている「電子商取引に関する市場調査」の令和5年度版では、企業対消費者（Business to Consumer；BtoC）電子商取引と企業間（Business to Business；BtoB）電子商取引に分けています＊。そして前者の市場規模は約25兆円、後者の市場規模は約465兆円と推計しています。私たちにとって身近なeコマースですが、実はその市場規模は、消費者向けの取引よりも企業間取引の方がはるかに大きいことに気がつきます。

● 企業間のeコマースが活発な理由

企業間でeコマースが活発な理由の1つとして、企業間ではインターネット回線が普及する10年以上前の1980年代前半から、専用回線やVAN（Value Added Network）というオンラインネットワークを用いた電子商取引が行われてきたことがあげられます。こうしたインターネット以外のネットワークを利用した電子商取引は、外部からのアクセスが容易でないというセキュリティの高さなどから、一部の業界では引き続き活発に用いられています。

もう1つの理由として、企業間取引では、取引データがオンラインで蓄積されることで注文を出したり受けたりする手間やミスが減るといったコスト削減効果が大きいことや、蓄積したデータをもとに新たなビジネスをはじめるなど戦略的活用＊を展開する機会が大きいことを挙げることができます。企業間取引は消費者向け取引と比較して、1回あたりの取引規模が大きく、継続的・多面的な取引関係が構築されることが多いので、コスト削減効果や戦略的活用効果も大きくなるのです。

企業間のeコマースも以上の点から重要性が高いのですが、ここでは消費者向け電子商取引（インターネットを介した通信販売：ネット通販）に限定して話を進めていきます。

＊デジタルコンテンツとは広い意味では電子的な方法で構成された情報のことをいいますが、ここでは音楽ソフトやパソコンソフトのようにCDなどの形のあるメディアを用いずにインターネット上でダウンロードできる情報のことを指します。

＊経済産業省が毎年まとめている「電子商取引に関する市場調査」（インターネットからダウンロード可能）では、電子商取引とは「コンピュータ・ネットワーク・システムを介して商取引が行われ、かつその成約金額が捕捉されるもの」であると定義しています。

＊公共工事の電子入札のような企業対政府（Business to Government；BtoC）電子商取引や、フリマアプリのような消費者間電子商取引（Consumer to Consumer；CtoC）を加えて分類することもあります。

＊このようなデジタルデータの戦略的活用をDX（Digital Transformation：デジタルトランスフォーメーション）ということもあります。

ネット通販が普及している理由

● 私たちはなぜネット通販を利用するのか

ネット通販を含むeコマースに関しては経済産業省や総務省など政府機関が毎年大規模な調査を行っており、これらの調査結果はインターネット上から簡単に手に入れることができます。このうち総務省の通信利用動向調査は消費者アンケートの結果をまとめているのですが、この調査によると私たち消費者がeコマースを行う理由としては、店舗の営業時間を気にせず買い物できる、さまざまな商品を比較しやすい、価格を比較できる、店舗までの移動時間や交通費がかからない、一般の商店ではあまり扱われない商品でも購入できる、購入者の評価がわかる、といった回答が多いことがわかります。

つまり消費者はいつでもどこでも買い物ができるという非対面での取引の利便性や、価格や商品の比較が容易というデジタル技術を利用したインターネットの特性や、店舗で売られていない商品の入手が容易という、ネット通販の特徴を高く評価していると考えられます。

● ネット通販の分類

ネット通販はその売り方によっていくつかに分類することができます。1つはネット通販のみを行っており店舗販売を手がけないネット専業型です。ネット専業型ではウェブサイトを開設して商品を調達すれば事業開始が可能なので品ぞろえを豊富にしてもビジネスが成り立ちやすく新規参入が容易ですが、顧客を増やすのに不可欠な知名度や信頼感を獲得するのは簡単なことではなく、事業継続には困難が伴います。

もう1つは、店舗販売とともにネット通販も手がけるタイプの小売業で、

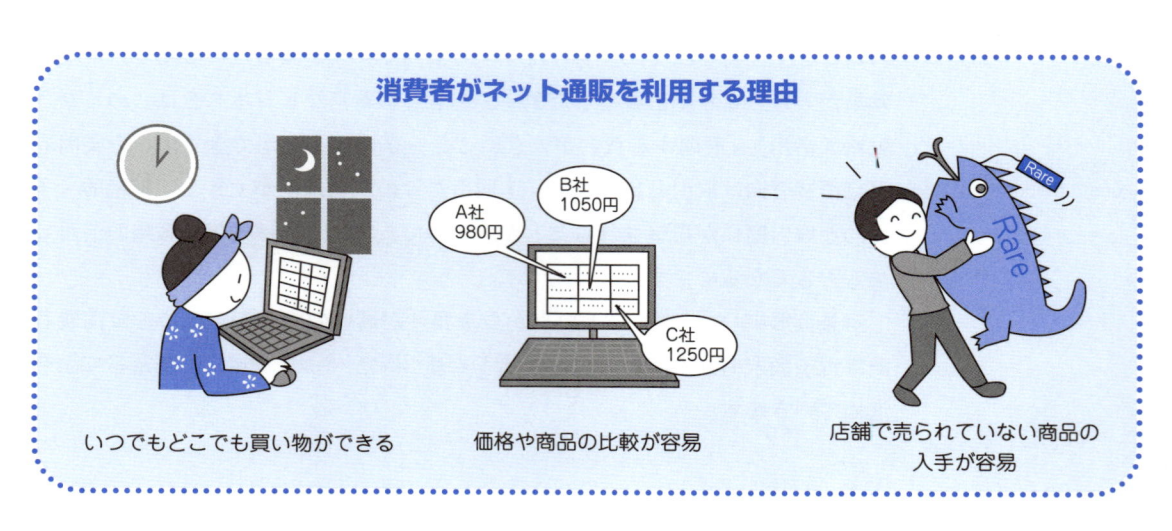

消費者がネット通販を利用する理由

A社 980円　B社 1050円　C社 1250円　Rare

いつでもどこでも買い物ができる　　価格や商品の比較が容易　　店舗で売られていない商品の入手が容易

著者のつぶやき 通信速度の速いブロードバンド（5Gのような高速移動通信システム）が普及して、動画や詳細な画像といったリッチコンテンツの表示が容易になったことが、ネット通販市場の拡大に大きく寄与しています。

ネット通販（クリック）に加えて、店舗を構えている（モルタル）ことから**クリック＆モルタル型**とよばれます。クリック＆モルタル型は店舗販売を行っているため、知名度や信頼感の獲得がネット専業型と比較して容易ですが、売上機会を拡大するためには、ネット通販と店舗販売の利用者があまり重ならないようターゲティングを変える必要があります。

さらに、生産者がネット通販を機に小売業に新規参入する場合もあります。ネット専業型と同様にネット通販に新規参入するのは比較的容易であるうえ、生産者としての知名度があれば顧客開拓も難しくないと考えられるからです。もっとも多くの生産者にとって、これまで築いた流通業者との共存関係は重要な財産なので、自らが小売ビジネスに参入してそうした関係が破綻することを避けるために、新規参入が増えていない業界もあります。

ネット通販で何がよく買われているのか

● 形のあるモノ

ネット通販で消費者が購入することが多いものとしては、まず書籍・CD、DVDがあります。これらは、商品名や型番から商品が特定でき、実物を確認する必要性が比較的低いため、ネット通販に適した商品です。また市場に流通するアイテム数がとても多く、顧客ごとに必要なものが大きく異なるという特徴もネット通販に適しています。店舗販売ではこうした多様なニーズを満たすだけの幅広い品揃えをすることは難しく、もし豊富な品揃えを行ったとしても、商品を探し出すことが容易ではなくなります。その点ネット通販は、陳列スペースの制約がないため品ぞろえを充実させることが容易ですし、書名や著者名でのキーワード検索や出版年月順の表示も容易だからです。

次にパソコンやその関連商品も、商品名や型番がわかれば内容を確定できる点が、書籍やCDと共通します。またネット通販利用者の多くがパソコンに興味をもつ層である点、価格競争が激しい商品分野のため価格比較が容易にできるという点もネット通販に適しています。

衣料品やアクセサリー類は、サイズや色合い、風合いなど現物を確認する必要性が高いので、ネット通販に適さない商品のようにも思えます。しかしリピーターであればこの問題はクリアできますし、商品単価が低いカジュアル衣料であれば消費者の抵抗感も薄れるので、ネット通販利用者が増えています。

医薬品や化粧品も購入に慎重を要する商品ですが、ネット通販利用者がよくみられます。これらの商品は価格よりも品質が重視され、商品を気に入れば顧

客がリピーターになりやすい特徴があります。売り手と買い手のコミュニケーションが重要となるため、電子メールでのやり取りや、ウェブサイト上での詳細な商品紹介に加えて、掲示板を利用したクチコミなどを通じて、消費者が気軽に情報収集できることもネット通販に適した理由であると考えられます。

　一方で食料品は、店舗販売と比べれば、ネット通販で購入する割合は高いとはいえません。この理由としては、食品は購買頻度の高い最寄品であり、購入日や翌日など短期間で消費する商品が多いこと、加工食品は小売店間の競争から特売が多くネット通販での購入は割高になりやすく、消費者は近隣のスーパーマーケットを利用するほうが合理的だからであると考えられます。

● 形のないサービスやデジタルコンテンツ

　サービスやデジタルコンテンツは、形のあるモノと異なり、取引後の財の受け渡しがネット上で完結するので、ネット通販により適しています。

　動画や音楽配信、オンラインゲームはインターネット通信の高速化＊で市場が成長しています。電子書籍やニュース配信もスマートフォンでの閲覧に適したコンテンツの増加もあって利用が伸びています。こうしたデジタルコンテンツはストリーミングやコピーに要するコストが低いので、定額使い放題のような**サブスクリプション**サービスが増えていることも、市場拡大の一因です。

　交通機関のチケットやコンサートのチケットも利用者の多いサービスです。旅行代理店やチケット販売店への手数料支払いが不要になるので、航空会社などの企業側が販売に積極的なことも一因です。

　金融サービスはネットバンクやネット証券で利用者が拡大しています。店舗運営コストの削減による売買手数料の引き下げなど顧客へのメリットがありますし、セールストークを不要に感じる顧客が増えていることも理由です。

● ネット通販に適しているのは？

　こうした現状を踏まえると、ネット通販に適しているのは第１に、**品名や型番でただ１つに確定する定型的**な商品です。実物を確認できない点はネット通販の大きな制約といってよいでしょう。

　第２に**発売アイテム数が多く、消費者ニーズも多様化する商品**です。店舗販売は陳列スペースの制約があり顧客も商圏の制約を受けるので、品ぞろえは多くの顧客が好む最大公約数的な商品に限らざるをえません。しかしネット通販ではこうした制約がないので、品ぞろえを飛躍的に増やすことができます。

　第３は**情報やコミュニケーションが求められる商品**です。ネット通販では商品の現物を確認できず、接客を通じて情報を入手できないという制約はありますが、ウェブサイトからのカタログの入手は気兼ねなく行うことができるし、

著者のつぶやき 商品名や型番で内容を確定できない商品の典型例が生鮮食品や総菜・弁当です。こうした点も、食料品のネット通販取引がなかなか拡大しないことの理由の１つです。

玉石混交だとしても、クチコミサイトから大量の情報を入手できるからです。

第4は**ダウンロード可能なデジタルコンテンツやサービス**です。ネット通販で消費者が手間に感じることの1つが、商品の受け取りです。スマートフォンやパソコン上で取引が完結するのは、こうした問題を解決してくれます。

ネット通販と店舗販売の相違点

ネット通販と店舗販売との最大の違いは、実際に店を構えているか、インターネット上の仮想店舗で販売しているかという店舗の有無です。これが、商品を販売するネット通販企業にとって大きな影響を与えています。

● ネット通販は日本中を相手にする

まず、**店舗にとって利用客となってくれる可能性のある消費者がいる地域の広がりのことを商圏といいますが**、ネット通販では顧客の来店の必要がないから商圏の制約もないという点が大きな特徴です。このために、来店の必要がない**ネット通販では日本中の消費者を顧客にできますが、逆に言うと日本中のネット通販企業がライバルになってしまう**という問題も生じます。この結果、ネット通販は店舗販売と比較して企業間の競争が激化しやすくなるという問題があります。集客のために楽天市場やヤフーショッピングのようなネットショッピングモールに出店したり、インターネット広告を積極的に行ったりすることも考えられますが、どれも費用のかかるのが悩ましい点です。

● ネット通販ではサービス競争は同質化しやすい

次に、ネット通販は店舗販売のような商品陳列の手間が少なく、ウェブサイト上に商品の画像を表示すれば足りるという点、駅前に大きな店を建てる必要や、接客に優れた店員を大勢雇う必要が少ないという点も大きな特徴です。このため、ネット通販企業は**低コストで事業を始めることができますが、他の企**

ネット通販に適した商品の例

品名や型番から商品が確定

発売アイテムが多く
店舗では扱いきれない

ダウンロード可能な
デジタルコンテンツ

業との差別化が難しいという問題も生じます。

店舗販売で多額の費用をかけて店舗を大型化し品揃えを豊富にしたり、接客サービスの向上に努めたりするのは、他の店舗と差別化してより広範囲から来店客を集めるためです。しかしネット通販では陳列スペースの制約がないから品揃えを増やすことはどの企業も容易ですし、逆に店舗の雰囲気、立地の利便性や接客サービスによって顧客の満足度を高めることは難しくなります。つまりネット通販ではサービス面での他の企業との差別化が難しく、結果として価格の安さが店舗選択の基準になりやすいのです。

もっとも5章で説明したように、企業は一般的には価格競争を好みません。そこで衣服や貴金属などの高級品メーカーは、ウェブサイト上では商品紹介にとどめ、ネット通販を行わないことがあります。自動車や不動産のように、安全性や使い心地など価格以外に伝えるべき情報が多い分野も、ウェブサイト上では詳細な情報提供にとどめる場合が多いです。

● 消費者の情報収集や情報発信力の向上

店舗販売と比較して、ネット通販では消費者の情報発信力や情報収集力が飛躍的に向上しています。もちろん店舗販売でも、電話での問い合わせやアンケートへの回答、店舗を巡ってのカタログの入手や値引き交渉といった活動は可能でした。しかしこうした活動は手間や交通費がかかるし、消費者間での情報交換も容易ではなかったので、結果的に企業側が一方的に提供するカタログや広告、売場などでの情報から受動的に情報を得ることが中心でした。ところがインターネットでは、メーカーのウェブサイトを閲覧すればカタログの入手はたやすく、価格比較サイトを見ればどこで安く買えるかは一目瞭然で、クチコミサイトにアクセスすれば消費者間での情報交換も容易です。

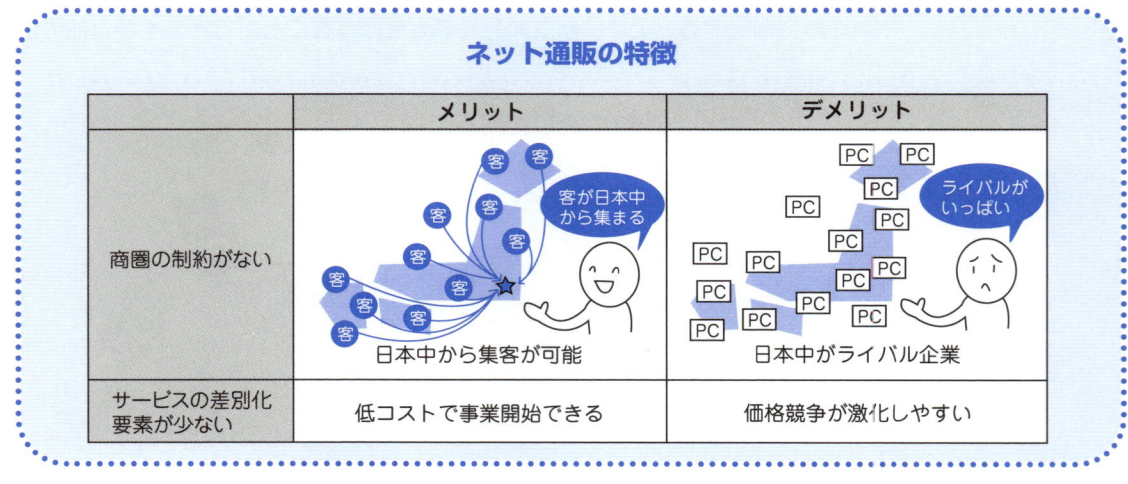

ネット通販の特徴

	メリット	デメリット
商圏の制約がない	客が日本中から集まる 日本中から集客が可能	ライバルがいっぱい 日本中がライバル企業
サービスの差別化要素が少ない	低コストで事業開始できる	価格競争が激化しやすい

著者のつぶやき 商圏の制約がないために大半の人が興味を持たないような商品に買い手がつくことがありますが、この特徴を活かして急成長したビジネスがネットオークションです。

結果として、インターネット上の膨大な情報のうち何が正しいのかを見極める問題は残りますが、**企業が蓄積していた情報の多くが消費者も入手可能となり、取引の主導権が企業から消費者に移る傾向**がみられます。ネット通販での価格競争の激化はその一例です。

● 企業のマーケティング手法の多様化

ネット通販は企業にもメリットをもたらしています。それは、**消費者から得られるデジタル情報を活用したマーケティング手法の多様化**です。顧客とのコミュニケーションは、これまでも郵送のダイレクトメールや電話での問い合わせ窓口、店舗でのアンケートの実施や接客を通じて行われていました。

しかしこれらには郵送費や人件費といったコストがかかり、蓄積した情報が紙ベースや口頭ベースになる点で活用が容易ではありませんでした。ところがネット通販では、取引がインターネット上でデジタルデータの交換によって行われるため、多数の情報を低コストで蓄積し、それをデータベース化して一元的に管理し、検索することが容易になります。この結果、企業が顧客への個別対応であるワン・トゥ・ワンマーケティングを行うようなマーケティング活動の多様化が進んでいます。顧客の購入履歴を分析しておすすめ商品を案内することで、リピーター率や購入率を上げる取組みはその一例です。

流行（はやり） モノのひみつ

「死に筋」だった商品の長いシッポとは？
Web2.0とロングテール

Web2.0（ウェブにてんゼロ）とは、情報発信が企業やマスメディアだけではなく個人ユーザーでも容易になったことで、ユーザーによる主体的な情報収集能力が高まった結果、従来は見向きもされなかったような商品・サービスの需要が喚起され、ビジネス機会が増えるといった概念です。

インターネットでは企業を中心とするWebサイトの作成者からだけなく、消費者を中心とする閲覧者からも情報発信が可能だという双方向性が特徴ですが、次第にクチコミサイトやQ＆Aサイト、LINEなどのSNS（ソーシャルネットワーキングサービス）やブログのように個人ユーザーがウェブサイト上の内容を作成していくコンテンツ（CGM：Consumer Generated Mediaとかソーシャルメディアといわれることもあります）が豊富になりました。

またWeb2.0によって、従来の販売活動では軽視されていた商品への注目度も上昇しています。すなわち、これまでの店舗販売では店頭陳列スペースの制約から売れ行きの低い商品が容易にカットされるほか、販売数量の多い商品2割程度で売上の8割近くを占める（パレートの法則や2：8の法則といわれます）ことが一般的でしたが、ネット通販では「死に筋」とよばれるようなニッチ的な商品の需要が掘り起こされる現象が見られます。これは、取扱商品を販売数量順に並べてグラフ化したときに、販売数量の少ない商品が動物の尾のように長く続くことになぞらえてロングテールとよばれています。

著者のつぶやき インターネット上のクチコミは私たちにとってとても便利なものですが、情報発信者の匿名性ゆえに、虚偽、やらせや中傷がなされるおそれがあることを忘れてはなりません。

デジタル・プラットフォームの普及

＊オンライン・プラットフォームや単にプラットフォームということもあります。
＊LINEのように同じサービスの利用者が増えれば増えるほどその利便性が向上する直接ネットワーク効果と、ネットショッピングモールで買い手が増えると売り手が増え、売り手が増えると商品の選びやすさから買い手が増えるように、一方当事者の増加がもう一方の当事者をも増加させる間接ネットワークとに分けることができます。

　LINEやインスタグラム、楽天市場のように、インターネット上で取引や情報交換の場を提供する仲介サイトのことをデジタル・プラットフォーム＊といい、その運営事業者をプラットフォーマーといいます。デジタル・プラットフォームは参加者数や取引数といった情報量を増やすため、消費者側の利用を無料にしたり、操作方法を簡便にしたりすることが多いです。それは、取引参加者や情報が増えると、そのプラットフォームの魅力が雪だるま式に増加する（これをネットワーク効果＊といいます）ことと、取引が増えてもそれに要する追加的費用があまり増えないので規模拡大によって収益が飛躍的に拡大する（これを規模の経済とかスケールメリットといいます）ことからです。

課 題

この章のテーマをさらに
深めるために

1　記述式

①生産者がネット通販で小売ビジネスに新規参入することが可能になったのはなぜか。50字程度で述べなさい。

②小売ビジネスに新規参入した場合、既存の取引先との関係で何が問題になるか。50字程度で述べなさい。

2　選択式

消費者のネット通販の購入経験は書籍やCD(1)がたいへん多いが、その理由は〔(2)〕から商品内容を特定できるからである。一方、食料品は誰もが日常的に購入する最寄品であるが、ネット通販の購入経験者は比較的少ない。(3)

①下線部（1）は販売アイテムが無数に存在することも、ネット通販に適している理由である。品揃えを豊富にすることで全体の売上高を増やす方法と関連の深いことばを1つ選びなさい。

　A．Web2.0　B．クリック＆モルタル　C．ロングテール　D．商圏

②(2) に当てはまることばを1つ選びなさい。

　A．最寄品　B．品ぞろえ　C．デジタルコンテンツ　D．商品名

③下線部（3）の理由として、当てはまらないものを1つ選びなさい。

　A．購買後に短期間で消費　　B．購買頻度が低い　　C．商品単価が低い

　D．店舗間競争が激しい

3　自由研究

あなたがネット通販を始めるとしたらどのような商品分野を扱いますか。その理由をネット通販の特徴を踏まえて考えてください。

答えはp.151

私はネット通販っていうより、フリマアプリで気に入ったアクセサリーを買うのが好きなの。携帯電話経由だと通学途中でもアクセスできるしね。

スマートフォンだと、パソコンと同じ画面も簡単に見られるから一層便利だよね。ところでヒトミさんは、ネット通販へのイメージが変わったの？

ええ。情報収集が簡単で安いお店も探しやすい。ネット通販ってとても便利なものなのね。

企業にとってもマーケティング手法が増えているわけだから、どちらにもメリットがあるんだね。

うん。ただ、ネット通販に限らないけど、メリットだけじゃなくてデメリットにも注意が必要だよ。
たとえばインターネット上の情報で何が正しいかを見極めることは簡単ではないよね。
インターネットだけの問題ではないけど買い物でお金を使いすぎることにも注意しなくては。

は〜い。わかりました。

さ ら な る
読 書
の た め に

インターネット白書編集委員会『インターネット白書2024』
インプレス　2024年

DXや生成AIをはじめトレンドを踏まえてインターネット関係の用語やビジネスの変化をわかりやすく解説しています。毎年発売されていますが、最新版を除いた過去のアーカイブはインターネット上から無料で読むこともできて便利です。

丸山正博『電子商取引とeビジネス』八千代出版　2020年

変化が激しい電子商取引について、消費者向け取引のネット通販と企業間取引を含むeビジネスに分けてまとめています。

第12章 モノとサービス、売り方はどう違う？

サービス業のマーケティング

この章で学ぶこと
- ☐ 形のあるモノと形のないサービスとの違い
- ☐ サービスの特徴である品質評価の困難性・生産と消費の同時性・消滅性
- ☐ サービス業によって異なる品質評価の容易度と資本集約度

私、先月から母と一緒にスポーツクラブに通ってるんだ。今朝も行ってきたところ。

朝から健康的だね。そのスポーツクラブはどうやって選んだの？

たくさんあるから私も迷ったの。プログラムの内容は入ってからじゃないと、よくわからないし……。結局、決め手は家から近いことと、平日の午前中だけ入れる会員は会費が安いこと。社会人が多いスポーツクラブだから、平日の午前中は空いてるらしいの。

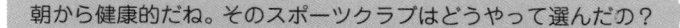

へぇ。ぼくは高校のときの塾選びは「○○大学に○人合格」っていう実績で選んだけど、たしかにスポーツクラブだと「ここならよそよりも体力が向上する」ってことがわかりづらいよね。

一緒にレッスン受けてる人たちにも聞いてみたけど、インストラクターがかっこいいからとか、受付の人の説明が丁寧だったから選んだっていう人が多かったわ。

運動とはあまり関係なさそうだなぁ（笑）。
スポーツクラブや学習塾選びは、形のある商品を選択するのとは違うような気がするけど、何がポイントになるんだろう？

マーケティング活動におけるサービスとモノとの違い

　私たちは食べ物や電気製品を手に入れるためにお金を支払うこともありますが、電車に乗るためや髪の毛を切ってもらうためにお金を支払うこともあります。前者のように形のあるモノのことを**有形財**、後者のように形のないサービスのことを**無形財**といいます。JRに乗るときにお金を払うのは、切符という有形財を所有するためではなく、A地点からB地点まで移動するという無形のサービスを得たことへの対価なのです。

　有形財と無形財の違いは、企業のマーケティング活動にも大きな影響を与えるはずです。本書がここまで説明してきた内容は主に有形財について当てはまるので、この章ではサービスという無形財を扱う企業のマーケティング活動について考えます。具体的には航空やタクシーなどの交通サービス、レストランやホテル、英会話学校やスポーツクラブ、銀行といったサービス業のマーケティング活動について、メーカーつまり製造業と比較して考えます。

　なおサービス業の中には本来は小売業や卸売業も含まれますが、こうした流通業は形のあるモノを扱っているので、本章では取り上げないこととします。

● 無形性

　冒頭で指摘したように、**サービスがモノと異なる点は、無形性**です。サービスは目に見えず、手に取ることもできません。スポーツクラブはスポーツ器具を利用する機会を販売し、理容店は髪を切るサービスで対価を得ています。レストランは食べ物という有形財も提供していますが、食事する空間や時間、配膳というサービスを提供することでスーパーマーケットの惣菜よりも高い価格での販売を可能にしています。

　サービスはモノと比較するとこの無形性という特徴から、**品質を評価することが容易ではありません**。顧客にとって、どの企業のサービスを利用すること

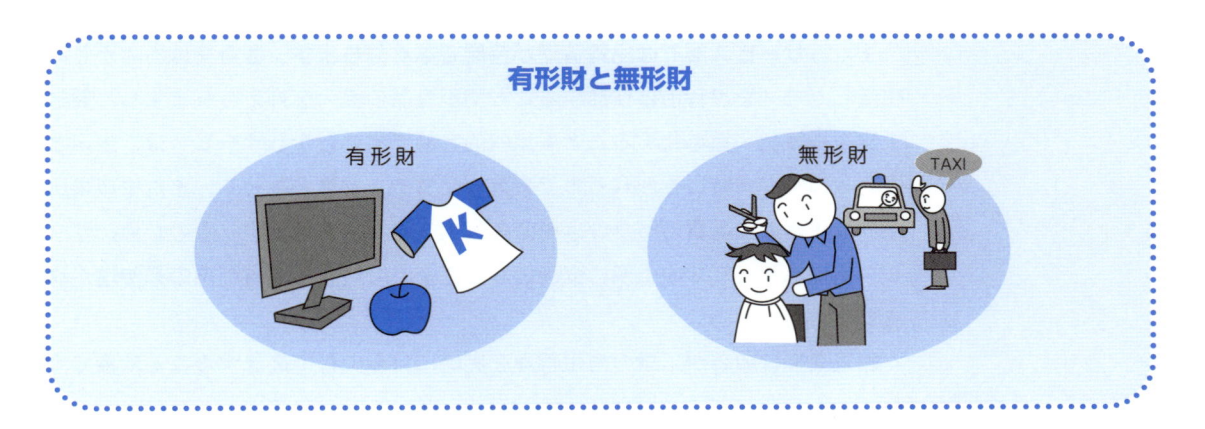

有形財と無形財

有形財　　　　　　　　　無形財　　TAXI

著者の
つぶやき　第三次産業の割合が高い日本では、サービス財の重要性はとても高いです。サン・テグジュペリの星の王子様ではないですが、「大切なものは目に見えない」のかもしれません。

119

がベストなのか、選択基準を明確にしにくいのです。そこで企業は、顧客の評価を容易にするために、**サービス内容を目に見える形で表現する**ことが重要となります。

たとえば航空会社のテレビ広告では客室乗務員の優しさやホスピタリティを強調したり、広々として快適そうな座席を映したりすることが多いです。また美容院が髪型の気に入らない顧客には無償で再度のヘアカットに応じるように、保証制度を充実させるサービス業も存在します。ガラス張りのカフェやオープンキッチンにするレストランも少なくありません。これらは提供するサービス内容を目に見える形で具体化し可視化することで、顧客の自社に対する評価を第一印象で高めることを狙っているのです。

また、サービスの無形性から、マーケティング活動に影響を与えるサービス業の特徴がほかにも出てきます。

● 生産と消費の同時性

サービス業の特徴の1つは、製造業がモノをあらかじめ生産して在庫しておくのと異なり、**サービスの生産と販売・消費が同時に行われる**点です。銀行の現金引き出しは窓口やキャッシュコーナーの稼働時間内に手続きをすることで可能になりますし、医師の診察は患者を直接みないことにははじまりません。

このことから、**サービス業では生産場所の分散が求められます。**モノは大規模な工場で大量生産し、流通チャネルを使って全国に流通させることが容易です。冷凍や冷蔵での輸送・保管方法が確立した今日では、生産してすぐに消費しなければいけないモノは食品でも少なくなっています。しかし生産時点で同時に販売・消費するために、サービス業は消費者の近くで生産活動をする必要が高く、分散して立地する必要が高まります。このため喫茶店や食堂は個人経営の店がたくさんありますし、飲食店を大規模に展開するためにはチェーンストア化が欠かせません。スポーツクラブや英会話学校が全国各地に分散しているのもよい例です。

また、**サービス業では品質管理が容易でなくなります。**製造業はあらかじめ生産したモノを出荷前に検品することで不良品の混入を抑えられますし、製造工程を機械化・標準化することも比較的容易です。しかしサービスは、生産と販売・消費が同時に行われるので事前の品質チェックが難しく、また生産場所が分散するので品質のバラつきや変動も大きくなりがちです。そのため、サービス業ではサービスの生産に直接携わる**従業員に対する教育訓練の必要性**が高まります。

製造業では顧客が工場の衛生管理を実際に自らの目で確認することは稀です

著者のつぶやき 低価格をアピールする店と一線を画すために、マッサージや接客を売りにする理容店もありますが、実は私は理容店で話しかけられるのが苦手でそっとしておいてほしいと思っています。

し、それが商品購入に直接影響することは少ないです。しかしサービス業では店舗の清潔感や従業員の立居振舞が顧客の評価の対象になりやすいのです。たとえばファストフードやテーマパークではパターン化されたマニュアル的な接客が求められ、逆にホテルのフロントやコンシェルジュに対しては臨機応変な対応が求められます。

● **消滅性**

もう1つの特徴は、サービスの消滅性です。**形のないサービスは在庫をすることができず、提供されると同時に消滅してしまいます。**たとえば映画館の空席は在庫が不可能で、上映時間に顧客が座らないと売上にはつながりません。

そこでサービス業では、**価格変動などによって需要を平準化する必要**があります。早期予約時の航空便や週末のビジネスホテルが需要喚起のために大幅な割引価格を提示する**ダイナミックプライシング**がその一例です。スキー場のリゾートホテルが夏のテニス合宿プランを打ち出して団体客を誘致するのも、病院や美容院が事前予約をすすめるのも需要の平準化が目的です。

また、**供給能力をコントロールする**ことも重要です。従業員の出勤時間に遅出や早番制度を設けたり、パートタイムを活用したりすることで需要の少ない時間帯に無駄なサービス提供がなされないように気をつけるサービス業は多いです。調理に準備を要するレストランではランチタイムとディナータイムの間に店を閉めていますが、その間に下ごしらえなどを行うことでピーク時に最大限の供給能力を発揮できるようにしています。

サービスの消滅性は企業にとって頭の痛い問題ですが、この特徴をうまく活用した顧客サービスも存在します。航空会社のマイレージサービスは、空席の

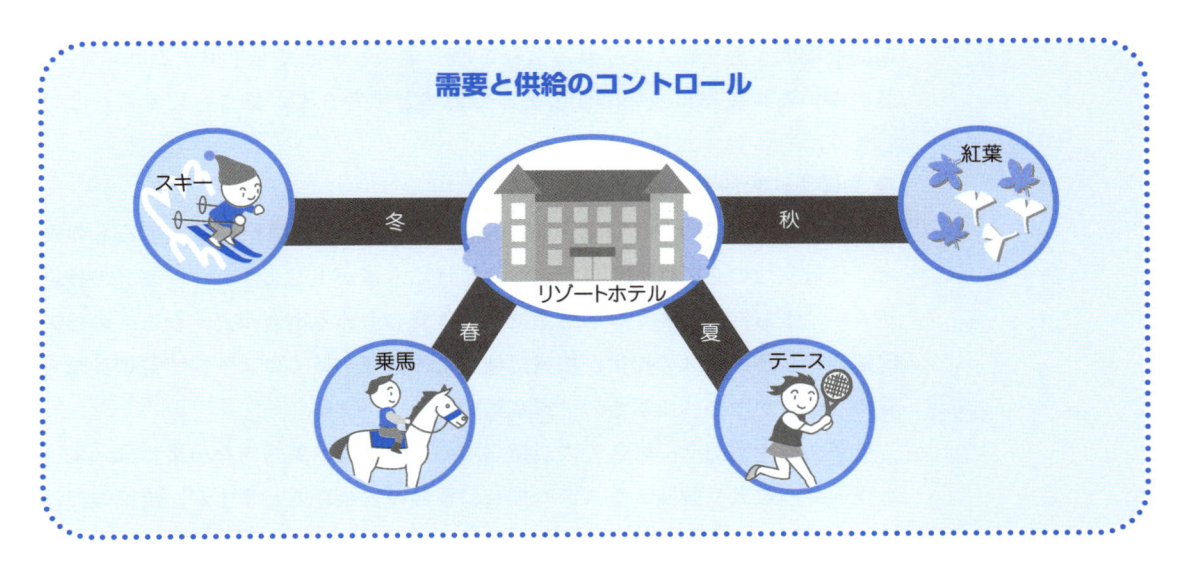

著者のつぶやき 東京から九州まで夜行列車に乗ったことがあるのですが、ガラガラに空いていました。時間がかかるなど需要の低迷はやむを得ない面もありますが、鉄道は飛行機と比べて価格設定が硬直的な気がします。

あるフライトを中心に顧客の保有マイルと引き換えに座席を提供するものですが、売上につながらず在庫することもできない空席を、保有マイルを有しているリピーター客に提供することで顧客サービスに活用しているのです。同様のサービスは一部のホテルでも提供されています。

サービス業のマーケティングの分類

● 品質評価は容易か否か

　ここまで説明したサービス業の特徴は、そのサービスの内容に応じて、程度の差が生じます。その1つが品質評価の容易性です。形の見えないサービスの中でも、評価が比較的容易なものもありますし、非常に難しいものもあります。

　たとえば宅配、タクシーといった運輸事業では定時性や安全性といった客観的基準によって品質評価が可能です。散髪のように一見して出来ばえが明確なものも評価は比較的容易です。一方で医療サービスや弁護士による法律サービスは、内容の専門性が高いために業界の中でどこが優れているのか評価することは困難です。またホームセキュリティのように不審者が侵入せず警報装置の利用がなくて当たり前というサービスも、実際に利用する機会が乏しいわけですから評価は難しくなります。

　そこで品質評価の難しい事業では、サービス内容を目に見える形で具体化したり、外見的な第一印象を良くしたりすることはもちろん、既存顧客のリピーター化やそこからのクチコミ評価による新規顧客の開拓に努める必要性が高まります。警備会社は警報装置に頼るだけではなくて制服姿のガードマンを使って警備訓練をすることで顧客に安心感を与える必要がありますし、弁護士は長期的な顧問契約を結んでくれる会社を増やすことをとても重視するはずです。名医がいる病院には良い噂が広まって自然と患者さんが集まってくることでしょう。

● 労働集約的か資本集約的か

　また提供されるサービスが主に人手によるものか、機械設備によるものかで、分散立地の必要性や品質管理の困難性にも差が生じます。サービスの提供が人手による部分が多くコスト面でも人件費の占める割合が高くなるものは労働集約的、サービスの提供が機械設備による部分が多くコスト面でも機械購入費や設備費が中心になるものは資本集約的といいます。

　航空会社や宅配サービス、大規模病院のような資本集約的な事業では、ネットワークの拡大や設備・システム投資に多額の資金を要しますが、規模の経済

著者の
つぶやき
病院や弁護士事務所、あるいは学校もサービス業の1つなのですから、その社会的役割や公共性を強調するだけではなくて、顧客満足を高めることにも注意をはらっていくべきですね。

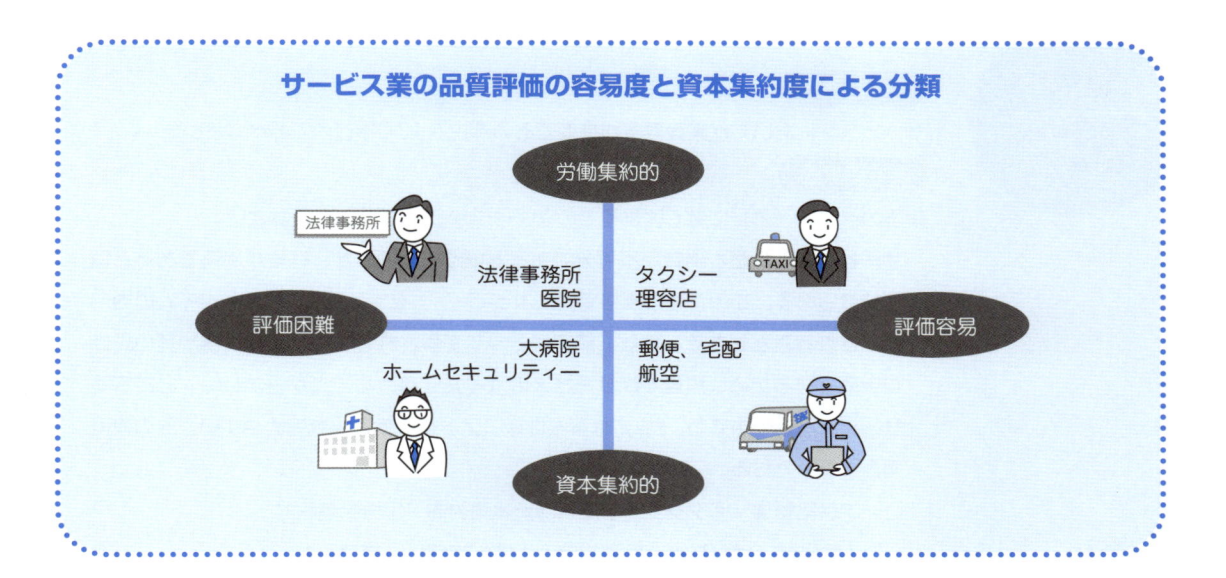

性が効きやすいので人手を減らして機械化を進めるような効率化や低コスト化が比較的容易です。そのため大企業が事業をより拡大させやすく、市場の売上シェアが上位集中化しやすくなります。また人的サービスの割合が少ないので、サービス内容の均質化や品質管理を徹底させる余地も大きいです。

一方でタクシーや理容店、小規模な医院のような労働集約的な事業では、サービス内容の多くが人手によってまかなわれているので、規模の経済が効きにくいものの、小規模の事業者でも地元の狭い商圏内で大企業に負けない事業活動を続けることが比較的容易です。しかし事業コストに占める人件費の割合が高いので低コスト化には限界があり、従業員による一定水準のサービスを安定的に提供するために人材育成の必要性が高まります。

両者の折衷的なサービスも存在します。医師が患者を直接診断することは人的サービスの割合が高いですが、血液検査などの高度な科学的分析は高額な医療機器に頼らざるをえません。一方で、科学的分析は人手を要する割合が低いからこそ、分散立地せずに一か所で効率的な活動ができ、品質管理の徹底が容易であるという長所もあるのです。ホームセキュリティの警備員による警備活動と防犯ブザーやカメラによるリモートコントロール、大学受験予備校の各校舎での講義と模擬試験の採点・成績評価も同じような関係に立つといってよいでしょう。

大規模な企業活動を展開するには労働集約的なサービスに頼っているだけでは限界があるので、資本集約的なサービスの要素を盛り込むことも有効なのです。

答えはp.152

課題

この章のテーマをさらに
深めるために

1 記述式

サービス業において従業員教育が重要である理由を100字以内で述べなさい。

2 選択式

以下の（ア）〜（エ）に当てはまるものを①〜⑨から1つずつ選びなさい。

サービスは、生産と消費が不可分であるという特徴のほか、在庫が困難であるという特徴もある。このために価格変動によって（ア）をするほか、パートタイムの活用がなされることもある。また、顧客にとって提供されるサービスの内容や質の評価が困難であるため、広告ではサービスの（イ）を高める工夫が望ましい。ところでサービス産業の中でも、（ウ）な事業は低コスト化や効率化を進めやすい。その典型例が（エ）である。

①供給管理　②タクシー事業　③資本集約的　④労働集約的

⑤有形性　⑥無形性　⑦美容院　⑧宅配事業　⑨需要管理

3 自由研究

あなたが少額の資金でサービス業を行う企業を興すとするならば、どのようなサービス業に参入しますか。それはなぜですか。なるべく具体的に考えてみてください。

モノの
ひみつ

流行（はやり）

挑戦してみる価値はあるかも？

マーケティング分野の資格試験

　就職に有利なのではないかといった理由から資格試験を目指す大学生が多いですが、マーケティング関係ではどのような資格試験があるのでしょうか。

　比較的とりやすい資格試験としては、日本商工会議所が行っているリテールマーケティング（販売士）検定試験があります。非常に難しい1級から高校生の受験も多い3級までに分かれており、小売や卸売だけでなくメーカーやサービス業で販売業務に携わる上で必要となる知識が問われます。1級から3級の試験は、小売業の類型、マーチャンダイジング、ストアオペレーション、マーケティング、販売・経営管理、の5分野が出題範囲です。

　難しい試験としては国家資格を得られる中小企業診断士試験があります。試験科目はマーケティングだけでなく、経営学や会計学など多岐にわたることと二次試験では企業実務に関する出題が比較的多いことから大学生が合格するのは容易ではありません。しかし中小企業にはサービス業も多いので、この章で取り上げたようなテーマが二次試験の事例分析によく出題されており、マーケティング分野だけでも目を通してみるとよい勉強になると思います。

スポーツクラブの「朝だけ会員」の会費が安いのは需要の平準化が理由なのか。

学習塾が合格者数のアピールをしたがるのは、サービス内容の可視化のためなのね。

サービス業っていえば、ぼくはバイトでテニススクールのインストラクターをしてるんだ。

インストラクターか、すごいね。テニスうまいんだ。

いや、あんまり。そのスクールはテニスの上手さより、カッコ良さがインストラクターの選考基準なんだって。

なにそれ？　自分がカッコイイって言いたいの？（笑）

さ ら な る
読 書
の た め に

山本昭二『サービス・マーケティング入門』日本経済新聞社　2007年

無形の財であるサービスの特徴を明らかにした上で、商品のマーケティングとは異なったアプローチがなぜ必要なのか、顧客満足やインターナル・マーケティングといった概念を紹介した上で明らかにしています。

小野譲司『顧客満足［CS］の知識』日経文庫　2010年

サービス業のマーケティングに限定しているわけではありませんが、顧客満足を高める実践ノウハウや、満足・不満足が発生する心理プロセスを、ポイントを絞って解説しています。

第13章 公正な競争は ルールあってこそ

法律と政策の関与

この章で学ぶこと
- ☐ 「市場の失敗」や「外部不経済」を解消するための流通政策の分類
- ☐ 競争促進の観点で設けられた独占禁止法や景品表示法
- ☐ 流通活動の振興・調整の観点で設けられた諸制度

今日はマーケティングと法規制について考えてみよう。たとえば企業が、ライバル会社と値下げをしないことを話し合いで決めていたとしたら、これは合法的なマーケティング活動として認められるのかな？

高校の時に少し習ったおぼえがあるんですけど、それってカルテルとか価格談合というものじゃないですか？

そうだね。こうした談合は独占禁止法という法律に違反して罰せられかねないんだ。

マーケティング活動だからといって何をやっても許されるというわけではないんですね。

でも企業活動が法律によってあまりに規制されるのも問題じゃないでしょうか。

その通り。
たしかに企業の自由なマーケティング活動は最大限認められるべきだけど、そうした活動が、市場での競争を阻害したり、顧客の利益を損なったりすることは問題なんだよ。そこで、それを取り締まるために法律が設けられている。
もちろん、ここは法律ではなくてマーケティングを学ぶ場だから、それを理解するのに必要な限りで法律や政策の説明をしていくつもりだよ。

マーケティング活動や商品流通のしくみに関する法律・政策

● 市場メカニズムの活用

　日本は市場経済社会ですから、企業は自由に経済活動を行うことができるというのが大原則です。これは**利益追求を目的とする企業活動が自由に行われることによって、お金や人材や技術などさまざまな資源が、社会全体でとらえたときに最も効率的に活用されるであろうという市場メカニズム**への信頼が前提となっています。

　こうした市場メカニズムが成立するためには完全競争市場が成立することが必要です。そのためには第1に、商品ごとに十分な数の売り手と買い手が存在することが必要です。競争が行われなければ価格は変化しないし、需要と供給が一致することで価格が決定されるからです。

　第2に、売り手と買い手の有する情報量が同等であることが必要です。もし商品の欠陥に関する情報を売り手だけが持っていたら、買い手は商品購入時に正確な意思決定をすることは不可能だからです。

　第3に、売り手と買い手の市場への参入と撤退が特段のコストを支払わずに行えることが必要です。需要が活発で販売機会が多いと判断すれば新規参入を希望する売り手は増えるはずですが、高い参入障壁があって希望がかなわないならば十分な競争は行われないからです。

　第4に、あらゆる商品の入手が市場を通じて行えることです。配給切符がないと手に入らない商品では価格競争の余地はないからです。

● 自由な企業活動から生じる非効率——市場の失敗

　ところがこうした条件が満たされることは少ないのが現実です。第1の条件は、独占企業や寡占企業の存在によって歪められています。生産活動では規模の経済がはたらくことが一般的ですから、競争の結果として勝ち組と負け組が生じて独占的・寡占的な大企業が発生することが多く、その結果、十分な競争が行われなくなってしまうことも少なくありません。

　第2の条件は、情報の偏在が一般的に生じているために歪められています。生産や販売のプロである売り手が有する情報を、買い手も同様にすべて手に入れることができるというのは現実的ではありません。企業秘密のような情報を買い手が入手するのは非常に困難なだけでなく、物理的には入手可能な情報であっても、専門的知識に乏しくその内容を分析する時間的余裕に乏しい消費者が理解できることは決して多くはないからです。

　第3の条件は、9章で取り上げた参入障壁の存在により歪められています。

法規制がないとしても莫大な初期投資が必要になるなどコスト構造の点で新規参入が困難であったり、市場の撤退時に投下資金を十分に回収できなかったりする業界は少なくありません。

第4の条件は、外部不経済や公共財の存在によって歪められています。大規模小売店の出店で起こる騒音のように、市場での取引を介さずに第三者に不利益を与える外部不経済は、市場の存在では解決できない問題です。同様に直接的なコストを負担せずとも誰でも利用できてしまう一般道路は、それを提供しようという売り手が存在しなくなるので、市場を存在させたとしてもそれだけでは解決することができません。

また、企業活動が行われるとさまざまな非効率が生じるおそれがあります。ある会社の行動が他の企業の活動を制約することもあるでしょう。

たとえば食品の偽装表示事件が続発すれば、消費者はそうした表示を信用しなくなり、本当に高品質のものもそれに見合った価格では売れなくなってしまいます。あるいは複数の企業が裏で価格協定などを結んで競争を回避するかもしれません。商品の欠陥や売買で生じうるさまざまなリスクなど、重要な情報を売主が買主に適切に開示しないために後々トラブルとなることもあるでしょう。また、利益が上がりにくいために、企業活動が活発化しない分野もあるはずです。

このように、**市場を通じた企業の自由な経済活動に委ねていると、さまざまな問題が市場で必然的に生じたり、避けることのできなかったりする場合がありますが、こうした非効率のことを「市場の失敗」といいます。**

そこでこの市場の失敗を誰がどうやって解消するかが問題となります。1つは政府が法整備や政策的関与をすることで、企業にある種の行動を規制したり、何らかの対策を義務化したりすることです*。もう1つは企業が自ら主体的にこうした非効率を解消する活動を行うことです。後者については第14章で検討するので、以下では前者の政府による関与について説明します。

● 政府による流通政策

政府がマーケティング活動や商品流通の仕組みに関して生じる市場の失敗を解消するために行う法整備や政策的関与のことを流通政策といいます。流通政策は大きく分けて2つの観点から行われています。

第1は、市場メカニズムの前提となる企業間の競争を維持・促進するという観点から、**競争の公正が確保できるような法整備や政策的関与**が行われています。社会全体でとらえたときに自由な企業活動が資源をもっとも効率的に活用させるという市場メカニズムが成り立つためには、企業間の活発な競争が行わ

著者のつぶやき 流通分野における外部不経済の典型例が、大規模店舗ができたことで生じる交通渋滞や騒音の発生です。これらは生活環境の保持という点から大きな問題になっているのです。

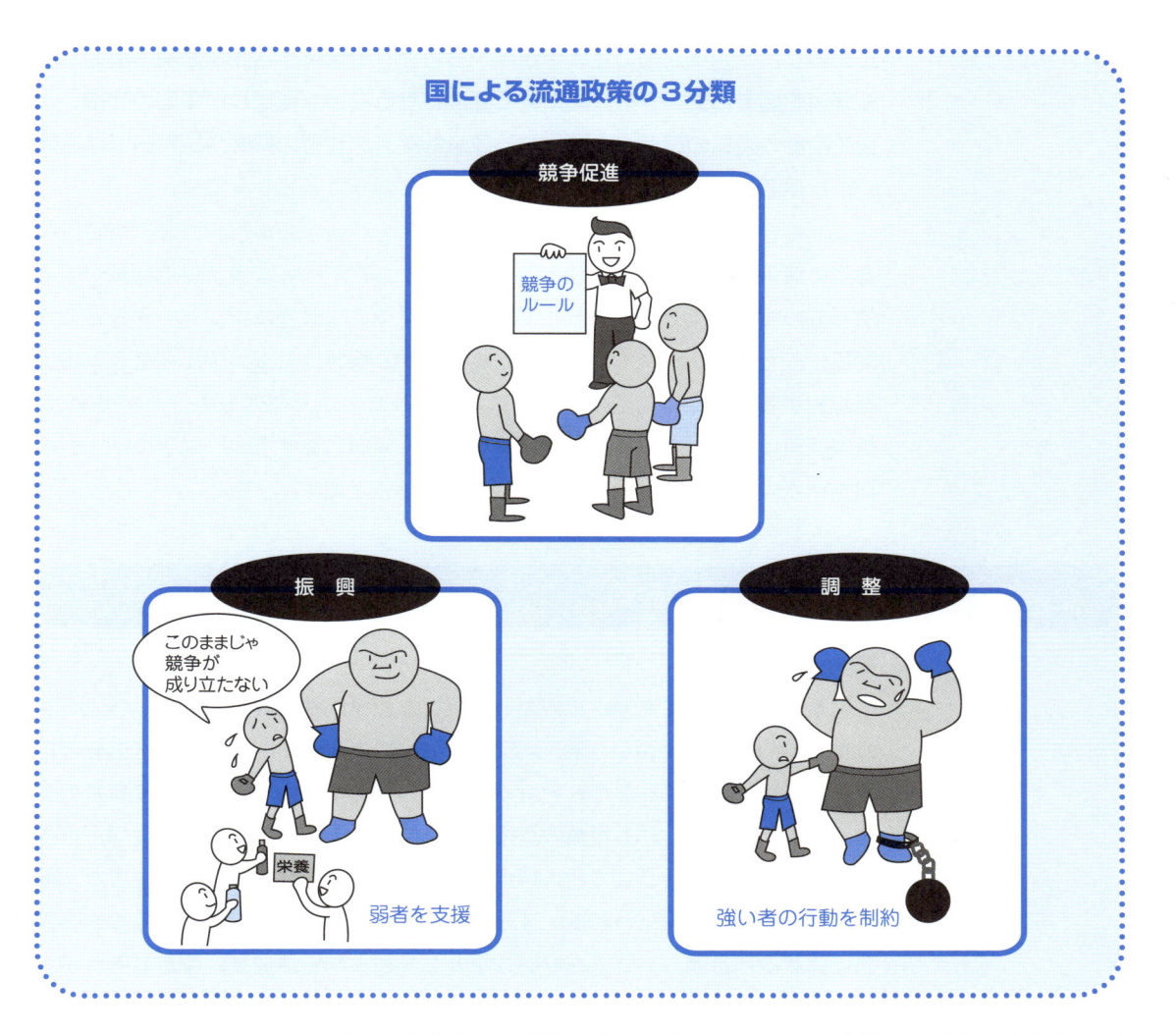

国による流通政策の3分類

競争促進

競争のルール

振興

このままじゃ競争が成り立たない

栄養

弱者を支援

調整

強い者の行動を制約

れる必要があります。競争があるからこそ、企業が自社の経営資源を最も効果的に投入したり、業績の優れた企業の株式にお金が集まったり、その企業に優秀な人材が移ったりして資源が有効活用されるのです。

　第2は、収益性が乏しいなどの理由から企業活動が活発化していないものの社会的には有意義な事業を支援し振興するという観点や、環境保護のために大型店舗の出店に条件を課したりメーカーに廃棄物の回収を課したりすることで企業活動を調整するという観点から、法整備や政策的関与が行われています。これらの**振興・調整型の政策**の中には、ある企業の経済活動が市場を経由しないで第三者に損失を与える（これを**外部不経済**といいます）ような、市場メカニズムでは解決することのできない問題に対するものも含まれています。

　大まかにいうと、**①競争促進の観点から行われる政策は企業間の競争のルー**

ルづくり、②企業活動の振興の観点から行われる政策は活発な競争の前提となる経済的弱者の支援や社会的にみて発達させることが望ましい事業の支援、③企業活動の調整の観点から行われる政策は経済的強者の抑制や短期的には合理的だが長期的には問題を生じる活動の抑制ということになります。

　これら3つの政策の最終的な目的は市場メカニズムの活用、つまり市場での企業の競争を通じた資源の効率的配分です。したがって①競争促進政策が中心的なものであり、その補完として②振興政策や、③調整政策が存在するという関係にたちます。かつては中小小売業に対する振興政策や大手小売業者の出店を規制する調整政策の活用が盛んにおこなわれていた時代もあったのですが、規制緩和の観点からこれらの政策は減少する傾向にあります。以下では3つの観点からの政策をもう少し具体的に説明していきます。

企業間の競争を促進するための政策

● 独占禁止法

　企業間の競争を促進するための最も重要な法律が独占禁止法（正式名称は「私的独占の禁止及び公正取引の確保に関する法律」）です。マーケティング活動の中でこの法律に違反するおそれのある典型例のひとつが価格施策に関するものです。カルテルといわれる複数の企業が価格協定や入札談合を行う行為は、不当な取引制限を行ったとして独占禁止法違反になるおそれがあります。また、再販売価格維持行為といわれる、メーカーが流通業者に対して自社商品の値引販売を禁じる行為は、不公正な取引方法として独占禁止法違反になるおそれがあ

市場メカニズムの活用と市場の失敗を解消するための競争促進政策

価格談合

競争

偽装表示

Stop!

法律で除去

著者の
つぶやき
競争を促進するためとはいえ、行動が何らかの形で制約される側はたまったものではないし、弱者への支援策が本当に有効に作用するとも限らないので、振興・調整政策は減少する傾向にあります。

独占禁止法が禁じているマーケティング活動の例

価格談合

○○円にしよう

会社　会社　会社

厳格なテリトリー制

この土地の外で活動するな！

メーカー

小売店

売れ残りを問答無用で突き返す返品

イヤなら次から仕入れないよ

返品 返品 返品 返品

メーカー　大きな小売店

ります。

　典型例のもうひとつが**流通チャネル施策に関するもの**です。メーカーが流通業者に対して**他社の競合商品を扱わないことを強制**することや、**厳格なテリトリー制**といわれる一定の販売地域を割り当ててそれ以外の地域での販売活動を一切認めないこと、卸売業者に対して**特定の小売業者との取引しか認めない**＊こと、などは不公正な取引方法として独占禁止法違反になるおそれがあります。また大量販売・大量仕入が可能な大規模小売業がそのバイイングパワーを背景に**優越的地位を濫用**して、仕入先であるメーカーや卸売業者に従業員の派遣を要請することや、不当な返品をすること、根拠のないリベートを要求することも、不公正な取引方法として独占禁止法違反になるおそれがあります。

＊一店一帳合制といいます。

　なお企業の合併は、ある市場での企業間の競争を阻害するおそれがあるために一定の場合に制限されますが、その判断基準のひとつは第9章で学んだハーフィンダール指数です。競争状態にあるとは言い難い市場で、企業間の合併により一層競争が乏しくなれば、商品価格の高止まりなど消費者側に不利益が生じる恐れが高まります。こうした状態を数値によって客観的に把握することにしているのです。

　1947年に自由経済を標榜するアメリカの影響で設けられた独占禁止法は、その後の高度経済成長期を通じて現実に活用されることはほとんどありませんでした。しかし日本経済が低成長時代を迎えた1970年代後半以降は、企業間の競争を促進することで企業活動を活発化させ消費者の利益を保護するという観点から規制が強化され、競争を阻害するような企業活動の取り締まりが積極的に行われています。

著者のつぶやき 新車の販売店もテリトリー制を採用していることが多いのですが、通常はテリトリー外の顧客への販売が認められている緩やかなテリトリー制となっているので独占禁止法違反にはなりません。

11章でみたように、デジタル・プラットフォームの強さが明らかになるにつれて、競争を促すための規制が強化されています。EU（Europe Union：欧州連合）が先行していますが、日本でも、寡占化が著しいスマートフォンで利用されるOS（Operating System）、ブラウザソフトやアプリストアといったソフトウェアを対象にした規制が設けられ、グーグルやアップルといった巨大企業に対する監視が強まっています。

● 景品表示法

独占禁止法は主に企業間の競争促進のための法律ですが、公正な競争が妨げられることで結果的に消費者が不利益を被る場合も少なくありません。

たとえば誇大広告は、正直な広告を行う企業の広告効果を減じることで公正な競争を阻害するとともに、広告どおりの効果がなかった商品を購入した消費者に損害を与えています。また過剰な景品をつけて商品を販売することは、商品自体の魅力でライバル商品に打ち勝つという企業間競争の本質を損なうとともに、オマケに釣られ購入意欲をあおられて不要な商品を買ってしまった消費者に損害を与えています。

そこで景品表示法（正式名称は「不当景品類及び不当表示防止法」）は主に消費者保護の観点から、企業が行う不当な表示と過剰な景品を禁止しています。

流通やマーケティング活動の振興・調整を行うための政策

● 零細な事業や幼稚産業の振興政策

マーケティング活動に携わる事業者の中でもとくに小売業者は小規模零細な事業者が多いので、大企業と互角に市場での競争を続けていくためには、その活動をサポートする振興・支援策が必要となる場合があります。

たとえば中小小売商業振興法は、商店街の整備やPOSシステムの導入など情報化・電子化を振興することで中小小売商の経営環境の改善を支援しています。あるいは、生鮮食品を扱う卸売市場の数は、食品スーパーなどの大手小売業が生産者との直接取引や市場を経由しない取引を増やしているために全国で減少傾向にありますが、そうした取引が困難な中小小売商にとっては不可欠な存在です。そこで卸売市場法を改正することで、卸売市場の魅力を高め、中小小売商の取引インフラを維持しています。

また、マーケティング活動に派生して生じる企業間での各種データの電子化ビジネスや無線ICタグを活用した在庫管理ビジネスなど、業務の効率化が期待でき社会的には有意義なものの、導入には多額な費用がかかることから普及に

この章でとりあげている企業活動が行われると、ただちに独占禁止法に違反するというわけではありません。同法を所管する公正取引委員会の詳細な調査や企業側の弁明の機会を経た後に、合法か否かが判断されます。

なかなか至らず採算がとれないビジネスもあります。こうした競争力の乏しいビジネスを幼稚産業ということがありますが、そのビジネスの有効性を企業に周知させ、幼稚産業を競争力のあるビジネスとして流通活動の効率化に貢献させるために政府が積極的な支援を行うことがあります。

たとえば経済産業省は、流通システム標準化事業といわれる、企業間での各種データの交換ルールを標準化する取組みを主導しています。あるいは無線ICタグの活用を促す実験的な活動を支援することによって、倉庫への商品納入時の検品作業の時間短縮など物流活動を効率化させる取組みを行っています。

● **まちづくりや環境保持の観点から設けられている振興・調整政策**

少子高齢化による人口減少や都市部への人口集中が進む今日、ロードサイドに巨大なショッピングセンターが増える一方で、地方の商店街の多くがシャッター通りといわれるような衰退の一途をたどっています。また大型店舗周辺での交通渋滞や騒音の発生や、郊外が虫食い状に開発されるスプロール化も解決すべき問題です。郊外に大型店舗が出店することで地元の商店街が衰退することは少なくありません。消費者が品ぞろえの豊富で価格も安い大型店舗を選択することは少なくとも短期的には合理的な行動です。しかし長期的にみると商店街を含む中心市街地が衰退することで雇用の場が減少したり、公共交通機関に頼らざるをえない高齢者の買い物が不便になったりという弊害が出るおそれがあります。

このような問題を解決するために、**まちづくり三法**といわれる**中心市街地活性化法**（正式名称は「中心市街地の活性化に関する法律」）、**都市計画法**、**大規模小売店舗立地法**が設けられています。中心市街地活性化法は、その名の通り都市部や従来からの市街地を活性化させるために、地元の市町村が主導して商業活動の活性化や市街地中心部への居住促進、公共交通機関の拡充などの対策を実施するための振興政策です。また都市計画法は、無秩序な都市開発を抑制するための調整政策です。そして大規模小売店舗立地法は、大型店舗を出店する小売企業に来店客用の駐車場整備や商品納入などの騒音対策を課す調整政策です。

環境保持の観点からは、企業や消費者の大量生産や大量消費という行動が短期的には合理的・効率的であっても、長期的には資源の無駄遣いや大量のごみ処理の必要性など社会的弊害をもたらすことが少なくありません。このような問題を解決するために廃棄物の適正な処理を促すための廃棄物処理法（正式名称は「廃棄物の処理及び掃除に関する法律」）や、リサイクルを促すための資源有効利用促進法（正式名称は「資源の有効な利用の促進に関する法律」）やさまざまな商品に関する各種リサイクル法が設けられています。

著者の
つぶやき 流通システム標準化事業や無線ICタグの活用実験をはじめ振興・調整政策に関する資料の多くは経済産業省の
ウェブサイトからダウンロードすることができます。

課題

この章のテーマをさらに
深めるために

1　記述式

市場の失敗とは何か。100字以内で述べなさい。

2　選択式

以下の（ア）〜（オ）の法律の内容としてふさわしいものを①〜⑤から1つずつ選びなさい。

（ア）独占禁止法　　　　　　　　①リサイクルの促進

（イ）景品表示法　　　　　　　　②近隣の渋滞対策や騒音対策

（ウ）中心市街地活性化法　　　　③企業間の競争促進

（エ）資源有効利用促進法　　　　④誇大広告や過剰な景品の規制

（オ）大規模小売店舗立地法　　　⑤まちづくりに関する振興政策

3　自由研究

一般的にはメーカーが流通業者に対して自社商品の値引き販売を禁じる行為は独占禁止法違反になるおそれが高いが、書籍や雑誌ではこうした行為が認められている。それはなぜか調べてみてください。

答えはp.152

流行 ネット通販の誇大表示にご用心
詐欺的広告にだまされるな!!

モノのひみつ（はやり）

　「このクリームを塗るだけで〇kgやせる」「世界最大」「△個限定」。このような大げさな表示や詐欺的な広告を見かけることがよくあります。こうした表示は根拠が不明確であると、本文でも述べたように景品表示法違反として取締りの対象になります。

　私は以前に東京都の依頼を受けてゼミの4年生と、ネット通販上のこうした不当表示の実態調査をしましたが、次々と大げさな表示が見つかり、そのうちの何件かは実際に東京都によって行政処分がなされました。

　大げさな表示や詐欺的な広告は全体から見ればごく一部ですが、私たち消費者を惑わし不利益を与える点で許されないことは言うまでもありません。また、広告全体の信頼感を失わせることで、真面目にビジネスを行っている他の大多数の企業のマーケティング活動の効果を減じかねない点でも許されることではありません。法律による監視活動は優良な企業のマーケティング活動を助ける側面もあるのです。

やっぱり法律の話は難しいですね。でもマーケティング活動が何でも認められるわけではないということはわかりました。

うん。マーケティングはもともと企業間の競争を促すためにあるようなものだけど、逆に競争を避けようとするような行動にでることもありうる。でもそうした競争回避的な行動は、市場メカニズムの機能を高めるために、法律によって制限されているんだよ。

幼稚産業への支援策っていうのは、既存の業界とか企業にとっては逆に政府による不当な介入にはならないんですか。

いい質問だね。政府による支援策とか振興策は、他業界にとっては競争をゆがめる不当な援助と受け取られかねない。だから、その振興策が社会全体にいかなる便益をもたらすか慎重に見極める必要があるし、税収不足の中でそうした政策は減少傾向にあるんだよ。

環境保護の問題も難しいですね。私はペットボトル飲料をよく買うけど、これってリサイクルに全部回るとは思えないから、ゴミを増やしているんじゃないか、気になっていたんです。

うん。リサイクルは近年、法整備がかなり進んで、企業の取組みもかわりつつある。でも法整備だけでなく、企業の積極的な取組みも進みつつあるんだ。これについては次の章で考えてみよう。

さらなる 読書 のために

渡辺達朗『流通政策入門〔第5版〕』中央経済社　2023年

法律や政策の話が多いのでやや難しく感じられるかもしれませんが、歴史的な経緯も含めて詳細に書かれています。

若江雅子『膨張GAFAとの闘い　デジタル敗戦　霞が関は何をしたのか』
中公新書ラクレ　2021年

巨大プラットフォーマーはユーザーから収集したデータをもとにした広告活動で高い収益を上げていますが、彼らに対する日本の法規制の遅れを新聞社の記者が鋭く指摘しています。

第14章

社会への還元が利益を生む時代へ

ソーシャル・マーケティング

この章で学ぶこと
- ☐ 政府の失敗
- ☐ マネジリアル・マーケティングとソーシャル・マーケティング
- ☐ 循環型社会を実現する3つのR

ねえ、知ってる？ このミネラルウォーター、販売元が売上に応じてアフリカに井戸を造るための寄付をするみたいなの。

企業は売上や利益を増やすために活動しているはずなのに、どうして費用がかかることをするんだろう？

長期的に企業イメージをよくするためじゃないかな。京子先輩はどう思います？

目先の売上を増やすためじゃないの？ 寄付活動はマスコミでも取り上げられやすいし、コストは広告費やリベートを払うのに比べれば微々たるものなんじゃないかしら。

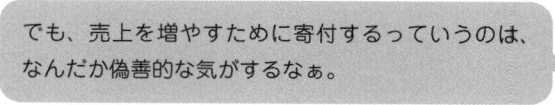
でも、売上を増やすために寄付するっていうのは、なんだか偽善的な気がするなぁ。

それもそうね。売上増加に結びつくのはあくまで結果であって、収益が高い企業だからこそ、社会貢献をしているのかしら。

ミネラルウォーターを売っている会社が井戸を造るっていう「水つながり」がポイントなのかも…

マーケティングは誰のため？

● 営利追求のマネジリアル・マーケティング

はじめに、この本でこれまで説明してきたことを簡単に復習しておきますが、マーケティングとは顧客ニーズに対応することで、企業が自分たちの扱っている商品の売上や利益を増やすための仕組みづくりです。そしてその商品の特徴によって、セグメンテーション、ターゲティング、ポジショニングという戦略的な方向性を固めた上で製品、価格、流通チャネル、販売促進といった4分野について具体的なアイデアを考えていきますが、どのような施策を立案できるかはライバル企業との知恵比べということになります。つまりマーケティングの最終的な成果は、ライバルに打ち勝って自分たちの売上や利益を増やしていくことで判断されるわけです。

しかしマーケティング活動を行う個々の企業が、自分たちの利益の獲得だけを図っていたら、そのツケが誰かに回ってしまうかもしれません。短期的には自分たちの利益を増やすので合理的だと考えていた行動が、長期的には資源の浪費や環境破壊を通じて、自分たちだけでなく社会全体にも損失を与えることもあるかもしれません。

● 社会貢献を目的とするマーケティング

では、マーケティングを通じて短期的に特定の企業や人々の利益を満たすだけでなく、長期的に社会全体の利益を図ることはできないのでしょうか？　このような観点から行われる活動をソーシャル・マーケティングということがあります*。なお、とくにソーシャル・マーケティングと対比するために、通常のマーケティングのことを「経営上の」という意味でマネジリアル・マーケティングということもあります。

1960年代から70年代にかけて、汚水の垂れ流しや大気汚染といった公害、石油価格の高騰によるオイル・ショックが大きな社会問題となりました。このころから今日に至るまで、大量の商品を生産し販売することで利益をあげている企業が、社会的責任をどのように果たすかということが議論されています。企業が自分たちの活動を通じていかに社会に貢献するかという点では、マーケティング活動のあり方も問題になります。企業がマーケティングによって自社の利益を図り顧客ニーズを満たす一方で、ライバル企業や顧客ではない一般の人々、社会や地球環境にどれだけ悪影響を及ぼしても構わないということにはならないからです。

SDGs（Sustainable Development Goals：持続可能な開発目標）が2015年に国連

＊ソーシャル・マーケティングはこの章でとりあげている意味ではなく、病院や学校など非営利団体のマーケティング活動という意味で用いられることもあります。

著者の
つぶやき　1960年代には消費者の側からも、消費者の権利拡大を目的とするコンシューマリズムという活動が活発に行われました。

で採択されたことで、こうした考え方は強まっています。SDGsは、①貧困や飢餓、教育など未だに解決されない社会面の開発課題、②エネルギーや資源の有効活用、働き方の改善、不平等の解消などすべての国が持続可能な形で経済成長を目指す経済課題、③地球環境や気候変動など地球規模で取り組むべき環境課題の3つの観点から17のゴールを設け、2030年までに持続可能でよりよい世界を目指す国際目標であり、国家だけでなく企業でも国内外の課題への取り組みが増えています。

コーヒーやチョコレートの原料であるカカオ豆など、開発途上国の原料や製品を適正な価格で継続的に購入することで、弱い立場に置かれやすいそうした国々の生産者や労働者の生活改善と自立を目指すフェアトレードや、容器の一方に突起をつけることで視力が弱くてもシャンプーとリンスを区別できるような、年齢や能力、文化など利用者の有する背景に関わらず、なるべく多くの人が利用できることを目指した商品設計であるユニバーサルデザインがその一例です。また、バングラディシュで貧困層の自立を促すマイクロファイナンス（小口金融）の取組みが評価されて2006年にノーベル平和賞を受賞したグラミン銀行のように、寄付や補助金に頼らずに貧困、差別や環境など社会的な問題解決を目的とした事業を行うソーシャルビジネスに対する関心も高まっています。

● 政府の失敗を解消するソーシャル・マーケティング

第13章で説明したように、企業の自由な経済活動から生じる市場の失敗などさまざまな非効率を解消するために、政府が法律によってある種の行動を義務付けたり、逆にある種の行為を禁止したりするのも有効な方法です。ところが政府の活動が、想定したような効果を挙げられず、かえって非効率を招くことがあります。それを政府の失敗といいます。

政府の失敗が生じる原因としては、政府がすべての政策内容について常に専門的知識を有するとは限らないことや、政策決定に先立って多業界からの意見聴取や意見調整の必要があること、政策決定から実現までに時間的なズレが生じること、などがあります。たとえば、中心市街地の活性化について国や地方自治体が街の商店主よりも優れたアイデアを出せるとは限りませんし、かつて存在した大規模小売店舗法という大型店の出店規制では、出店を計画する大手小売業と地元の商店街、消費者の思惑が三者三様であったため、その意見調整は容易ではありませんでした。

しかし企業自身が、法律や政策による要請を超えた自主的取組みによってこうした行動を起こせば、市場の失敗はより効率的に解消できる可能性があります。なぜならば、企業は自身の専門分野については政府よりも詳しい技術や情

著者の つぶやき 政策や法律の改正は企業活動や社会の変化より遅れて行われることが多いですが、これは多方面への影響の配慮という点でやむをえない面もあります。

報を有しており、何をすべきか、すべきでないか、より迅速かつ明確に認識できることがあるからです。

企業の営利性と非営利的な社会貢献は両立するか

● ソーシャル・マーケティングの社会にとっての意義

株式会社をはじめとする企業は本来、営利を追求するための存在です。だからこそさまざまなマーケティング活動を行っているわけです。しかし、ソーシャル・マーケティングは企業活動を通じて社会全体の利益を図るわけですから、それを行う企業にとってはコストがかかるものの自社の利益にはつながらない活動ということになります。それでは営利を目的とする企業が非営利的なソーシャル・マーケティングを行うことは矛盾しないのでしょうか。

この答えのひとつが、政府の失敗の解消です。市場メカニズムから生じた非効率を、政府が解決するよりも企業が解決した方が専門性や迅速性という点で大きな成果が挙がることが少なくありません。社会全体で見たときに大きな利益をもたらすことができるということが、企業がソーシャル・マーケティングを行うことの大きな理由なのです。

● 企業がソーシャル・マーケティングを行う理由

もうひとつの答えが、一見すると非営利的な活動も実は長期的には企業の営利に貢献しうるということです。企業による自主的取組みによって政府の法規制が回避できたとすれば、結果的には企業活動の自由度が維持されることになります。ソーシャル・マーケティングを行う企業は、そうした取組みをしない

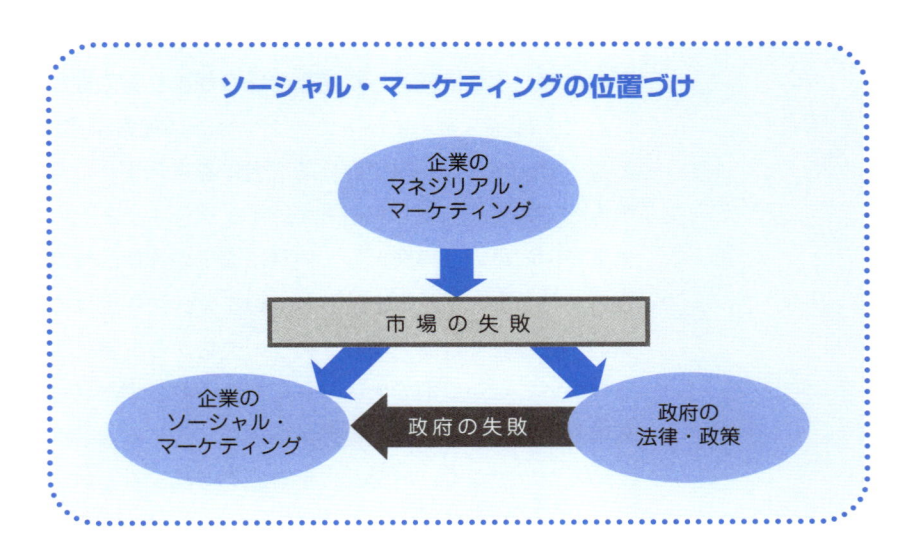

ソーシャル・マーケティングの位置づけ

企業の
マネジリアル・
マーケティング

市 場 の 失 敗

企業の
ソーシャル・
マーケティング

政府の失敗

政府の
法律・政策

著者の
つぶやき　「政府の失敗」は、第11章の「市場の失敗」に対応することばです。お役所仕事ということばのとおり、政府の
活動は慎重を期すので企業活動に比べて迅速さを欠いたり消極的だったりする場合があります。

139

他の事業者との差別化を可能にし、競争優位をもたらすというメリットもあります。社会貢献的な取組みが企業イメージを向上させ、ブランド力を高めるという効果も期待できます。短期的には非営利的な行為が、長期的には営利目的にも波及的効果を及ぼすことが期待できるという点でも、企業によるソーシャル・マーケティング活動は妥当性があるのです。

しかし**ソーシャル・マーケティングの本質は、企業自らが市場の失敗を解消することで社会的責任や社会貢献を果たすことであり、市場でのマーケティング活動を通じて得られた利益の一部を何らかの形で社会に還元することにある**のです。自社の利益を追求すること自体が目的ではありません。冒頭の例で言えば、採水や浄水技術に長けたミネラルウォーターの販売元が貧困に苦しんでいるアフリカの人々に井戸掘削の機械や技術を提供するという行為は、自由な経済活動を行う以前に生死に関わる問題に直面している人々が存在するという、とても大きな「非効率」を解消していることになるのです。その企業は先進国での経済活動を通じて得られた利益の一部を還元することで、社会貢献を果たしているわけです。

このほか、企業が行うソーシャル・マーケティングの代表例が、**文化芸術支援や慈善活動***です。大手損害保険会社が美術品を展示したり、洋酒メーカーがコンサートホールを運営したりするのが文化支援の一例です。また国内の著名企業が加盟している日本経団連が、経常利益の１％相当額以上を自主的に社会貢献活動に支出することを促す１％（ワンパーセント）クラブを設立していますが、これは慈善活動の一例です。

*前者をメセナ、後者をフィランソロピーということもあります。

● 本業との関連性

もっとも、政府ではなくて企業自身が市場の失敗を解消することのメリットは、企業の専門性を活用できる点にあるので、**ソーシャル・マーケティングの取組みは、本業に関連した活動のほうがより有効性が高い**はずです。

たとえばインターネットオークションの運営事業で国内最大手のヤフーは、ヤフーオークション内で詐欺的取引に巻き込まれた落札者に対して一定の条件のもとで損害を補填（ほてん）しています。インターネット上のショッピングモール運営事業で国内最大手の楽天も、同様に売主の詐欺的行為に巻き込まれた買主に一定の条件のもとで損害を補填しています。法律上はこうした運営事業者は売買契約の当事者ではないから、個々の契約からトラブルが生じた場合でも責任を負わないことが原則です。それにもかかわらずヤフーや楽天が損害を自主的に補填していることは、他の運営事業者に対する競争優位となる効果をもたらしているだけでなく、消費者の不安感を低減するという点で一種の社会貢献にも

著者のつぶやき 日本では企業の文化芸術支援や寄付活動は1980年代に活発化したものの、その後は不景気で低迷しました。無い袖は振れないのかもしれませんが、こうした活動はぜひ継続してもらいたいものです。

なっています。

また、広告分野の自主規制機関であるJARO（（社）日本広告審査機構）は、広告主、広告代理店、制作会社、広告媒体といった広告関係の広範な事業者の支援によって運営されていますが、その主な事業内容は、広告・表示に関する基準の作成と苦情等の処理の二点です。とくに消費者の苦情申し立ての最終判断を行う審査委員会の委員は、7名の学識経験者で構成されており、運用の中立性を保つことに最新の注意がはらわれています。広告に関する企業による業界団体が、自らの広告内容の適正を中立的に判断する——これも専門性を活かしたソーシャル・マーケティング活動の一例といってよいでしょう。

企業や業界団体がこのように自らの専門分野で自主的取組みを行うことは、市場での取引から生じる非効率や経済活動の結果生じる外部不経済を減じるのに大きな役割を果たしていくはずです。

循環型社会の実現で考えるソーシャル・マーケティング

● 循環型社会を実現する３つのR

これまで企業は、新しい商品を消費者に買ってもらうためにさまざまなマーケティング活動を行ってきました。商品の流通という点では、次頁の図の右側の流れのように、メーカーがつくった新しい商品が、卸売業者や小売業者を経由して消費者にたくさん売れるような仕組みを考えていたわけです。しかし近年は新商品が発売されるサイクルが短くなり、顧客の買い替えを促す一方で、店舗にはたくさんの商品があふれかえっています。

それでは買い替えによって使わなくなった商品や売れ残った商品はどうなっているのでしょうか。これらをすべてゴミとして処分していたら、埋め立て場はすぐに一杯になってしまいます。そこで材料の無駄遣いやゴミを減らしたり、使い古しの商品を再利用したり、原材料にまで分解して再資源化したりする取組みが増えてきました。限られた資源を繰り返し利用するという循環型社会を目指す取組みです。このうち再利用や再資源は、図の左側の流れのように、消費者の手元にある使い古しの商品を有効活用するための流通ルートの整備が課題になります。

図に示した２本の商品の流れを血液の流れにたとえて動脈流通、静脈流通ということがあります。すなわち、**メーカーが生産した新しい商品を、卸売や小売といった流通業者を介して消費者に届けていく流れが動脈流通**です。そして、**消費者のもとで使用された後に不要になった使い古しの商品を、流通業者**

やメーカーに還流することで有効活用していく流れが静脈流通です。かつては商品流通のあり方は、動脈流通を中心に考えていれば足りたのですが、今日では環境保護や限りある天然資源の有効活用という観点から、循環型社会を目指すために静脈流通をいかに整備するかも重要な課題になっています。

　さて循環型社会を目指す取組みは、省資源化・削減する（Reduce：リデュース）、再利用する（Reuse：リユース）、再資源化する（Recycle：リサイクル）という英単語の頭文字をとって３つのRということがあります。リデュースは主に動脈流通、リユースとリサイクルは主に静脈流通に関わっています。こうした取組みは、主に政府や地方自治体が法律や政策によってゴミ収集の有料化やさまざまな商品のリサイクルなどの活動を進めています。しかしそれに加えて、企業が通常のマーケティング活動によって自社の売上や利益を増やすだけではなくて、３つのRを達成できるようなソーシャル・マーケティング活動を行う事例も増えています。

　たとえば衣料品製造・販売大手のユニクロは、顧客から不要になった自社商品を定期的に回収して、世界各地の難民キャンプなどへ救援物資として送ることでリユースしたり、断熱材や工業用繊維、発電用燃料としてリサイクルした

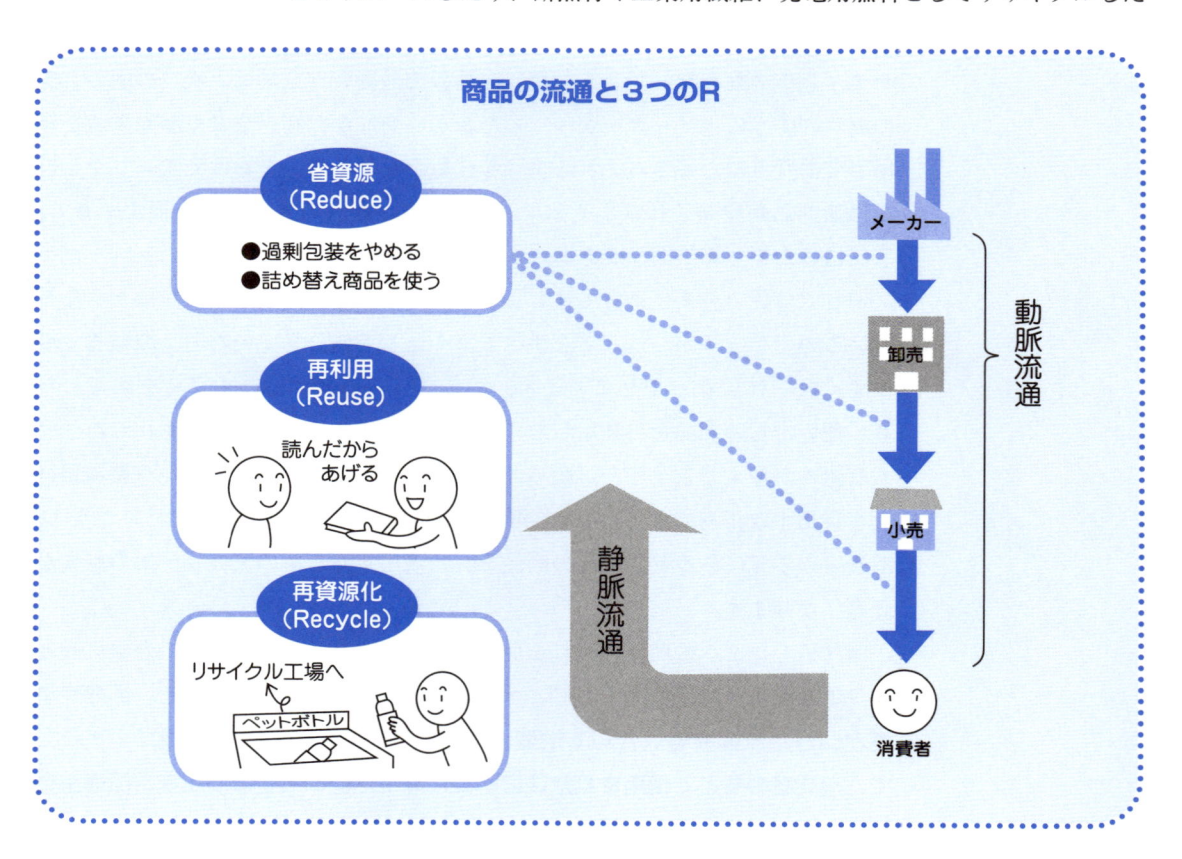

著者のつぶやき ビール瓶や牛乳瓶でおなじみのリターナブル瓶は環境にやさしいです。たとえばビール瓶は店舗で回収された後にメーカーで洗浄するというサイクルで、平均20回程度は再利用されています。

りしています。結果的にはこの回収活動によって、不要物として廃棄されるゴミの削減にもつながっています。こうした活動は、それ自体が会社の利益につながるわけではありませんが、自社の商品の回収を通じて、３つのRに取り組む非営利的なソーシャル・マーケティング活動ということができます。

● マネジリアル・マーケティングとしての３つのRへの取組み事例

　企業の中には３つのRに関する活動をビジネスとして積極的に行っている例があります。たとえば飲料メーカーの多くはペットボトルの軽量化を進めています。その主な理由は、ペットボトルの原料である原油価格が高騰しているために、その使用量を削減し軽量化による配送コストを削減することで、商品の値上げを抑制して売上を維持・拡大し自社の利益を増やすことにあります。しかもこの取組みは、限りある石油資源の利用を減らすという省資源への貢献も大きいのです。

　あるいは天然の原料を主な成分にしたスキンケア商品や化粧品を製造・販売しているザ・ボディショップは、社会的利益や環境保護に取り組む企業として有名で、新商品を開発する際に動物実験を行わないとか、過剰な包装を行わない、使用済みの容器を回収しリサイクルするといった、動物愛護や環境保護を重視しています。もちろん化粧品はおしゃれをするための大事な道具ですから、「環境に優しい」というだけでは、利用してくれる顧客はなかなか増えません。しかし店内を過度に飾り立てはしないものの、来店客が買い物に来て楽しくなり、商品を使って心地よくなれるように、さまざまな色や香りを用いて明るく華やかになる演出をしています。このような雰囲気作りによって、天然素材で身体に優しく、環境にも優しい商品を求めるお客さんを増やしています。

● マネジリアル・マーケティングとソーシャル・マーケティングの融合

　こうした企業の取組みは、自社の売上や利益を増やす通常のマーケティング活動が、循環型社会の達成という社会貢献につながっている点が特徴です。つまり営利活動であるマネジリアル・マーケティングと、非営利活動であるソーシャル・マーケティングをまったく別のものとして取り扱っているのではなく、両者が融合しています。

　社会的責任や社会貢献の達成というと、コストはかかるが自分たちの利益にはつながらない非営利的活動として消極的な企業も現実には少なくありません。業績がよい時だけしかソーシャル・マーケティング活動を行わない企業もあるでしょう。また「環境に優しい」ことが素晴しいとしても、それをアピールするだけでは環境に特別に関心の高い人々の共感しか得ることができず顧客層の開拓にはつながらない場合も少なくありません。

企業による非営利のソーシャル・マーケティング活動は、企業の自由な経済活動で生じる市場の失敗を、国による強制的な法制度によってではなくて、企業の自主的な取組みによって解消するという点に大きな意義があります。しかし企業は本来、営利事業を行うことによって利益を追求すべき存在ですから、そこで得られた利益を非営利活動に投入する以上、投入する費用や労力に対して社会にとって最大の効果が得られるのがどの分野であるか、自社のソーシャル・マーケティングの活動領域を判断することが重要です。

　また、こうした非営利活動を企業が重視し、それを継続的に行うようになるためには、**社会的責任や社会貢献の実現が、企業の利益にもつながり、顧客の満足にもつながるような仕組み**が欠かせません。社会的責任を果たしつつ企業が利益を得ることのできる仕組み、そのような**マネジリアル・マーケティングとソーシャル・マーケティングの融合**が今後は求められていくでしょう。

課題
この章のテーマをさらに深めるために

1　記述式
ソーシャル・マーケティングの特徴を述べなさい。

2　選択式
以下の（ア）〜（ウ）ともっとも関係の深いものを①〜④から1つずつ選びなさい。
（ア）動脈流通　　（イ）政府の失敗　　（ウ）リサイクル
①再資源化　②省資源　③企業の自由な経済活動から生じる非効率
④政策実行における非効率

3　自由研究
企業のソーシャル・マーケティングの実例をひとつあげて、なぜその企業がその取組みをしているのかを考えてください。

答えはp.152

さらなる読書のために

蟹江憲史『SDGs（持続可能な開発目標）』中公新書　2020年

SDGsの経済・社会・環境にまたがる17の目標を簡潔にまとめたうえで、政府や自治体だけでなく、企業が貢献できる具体的活動を述べており、私たち個人の消費行動を見直すうえでも参考になります。

**大杉卓三、アシル・アハメッド
『グラミンのソーシャル・ビジネス〔増補改訂版〕』集広舎　2017年**

ソーシャルビジネスの概要を説明したうえで、ノーベル平和賞を受賞したグラミン銀行とそのグループが教育、ヘルスケア、エネルギーなど他分野にわたる社会的課題の解決にどう取り組んでいるかを理解することができます。

そろそろ試験が近いなぁ。ノートをコピーさせてよ。

いいわよ。

えっ、ホントに？ みんなに「ずるい」って断られたから、あきらめてたんだ。もしかして、自分の利益だけじゃなく社会のためにっていうソーシャル・マーケティングに触発されたの？

授業に出てない人にノートを貸すなんて社会貢献とは全然関係ないわよ！ じつは私、夏合宿でレクリエーションの企画担当なんだけど、いいアイデアが浮かばないから一緒に考えてほしいの。

なんだ、ただのギヴ＆テイクだね。でも遊びのことなら任せて！

モノのひみつ 流行（はやり）

企業に求められる3つの責任
CSR、コンプライアンス、ソーシャル・マーケティング

　CSR（Corporate Social Responsibility：企業の社会的責任）、コンプライアンス（法令遵守）、ソーシャル・マーケティング。これら3つのことばを今までみなさんは聞いたことがあったでしょうか？ CSRやコンプライアンスということばは新聞でもよく目にするようになってきたのですが、三者は似た意味を持っているのでまとめて比較しておきたいと思います。

　CSRとは企業が自社の利益を追求するだけでなく、株主や取引先、従業員や顧客など広く社会に存在する利害関係者のさまざまなニーズを満たすような行動をすべきであるという経営上の概念です。

　コンプライアンスとは企業が法律を守ることはもちろん、さらにそれを超えた自主規範を設定しこれを遵守していくことで倫理的にも社会に容認される存在になるべきであるという法規範的な概念です。

　そしてソーシャル・マーケティングは本文で述べたとおり、非営利的な活動も含めて社会貢献を果たすというマーケティング上の概念です。これらは自社の目先の利益を追求するだけでなく、社会の長期的発展に資する活動をするということを目標にしている点で共通しています。

定期試験　模擬問題

Ⅰ. 記述式　＊この本の内容をもとに出題しています。

1　市場のセグメンテーションに関し、以下の問いに答えなさい。

（1）かつてはマス・マーケティングが一般的だった理由を50字〜75字で述べなさい。

（2）なぜ市場をセグメンテーションする必要があるのか。理由を25字〜50字で述べなさい。

2　市場で三番手以下の企業がとる戦略の方向性は大きく分けて2つあるが、両者の特徴をそれぞれ50字〜75字で述べなさい。

3　製品ライフサイクルの衰退期になっても、市場から自社製品の撤退をしないことはどのような点で有効か。理由を2点、それぞれ15字〜25字で述べなさい。

4　上澄み吸収価格と浸透価格の相違点について25字〜50字で述べなさい。

5　1980年代半ば以降、小規模小売店が減少した理由を2点、それぞれ10〜25字で述べなさい。

6 ネット通販の「インターネットの双方向性」という特徴が、

(1) 消費者にもたらすメリットとデメリットについて25字～50字で述べなさい。

																			25
																			50

(2) 事業者にもたらすメリットとデメリットについて25字～50字で述べなさい。

																			25
																			50

7 3つのRとは何か。「循環型社会」「動脈流通」「静脈流通」という3つの単語を用いて100字～150字で述べなさい。なおこれらの単語を使用した個所にアンダーラインを引くこと。

																			100
																			150

8 下記のA,B両市場のハーフィンダール指数を計算し、客観的にみて競争のより激しい市場はどちらか指摘しなさい。

A市場	市場シェア（%）
1位企業	40%
2位企業	30%
3位企業	20%
4位企業	10%
合計	100%

B市場	市場シェア（%）
1位企業	30%
2位企業	30%
3位企業	30%
4位企業	10%
合計	100%

A市場のハーフィンダール指数

B市場のハーフィンダール指数

競争のより激しい市場

市場

9 新商品Aの生産にあたって要する固定費は8,000万円で、変動費は商品1個あたり2万円である。この製品の価格を6万円としたときの損益分岐点は、販売数量がいくつになったときで、そのときの累積売上高はいくらか。

販売数量　　　　　個　累積売上高　　　　　円

定期試験　模擬問題

1 市場細分化の方法に関して以下の問いに答えなさい。

(1) サイコグラフィック属性の組み合わせとして正しいものを、1〜6から一つ選びなさい。

> ア．心理的属性　　イ．人口統計的属性　　ウ．興味関心　　エ．購買履歴　　オ．地域　　カ．所得

1．ア、ウ　　　2．ア、エ　　　3．ア、オ　　　4．イ、ウ　　　5．イ、オ　　　6．イ、カ

(2) デモグラフィック属性の組み合わせとして正しいものを、1〜6から一つ選びなさい。

> ア．心理的属性　　イ．人口統計的属性　　ウ．興味関心　　エ．購買履歴　　オ．地域　　カ．所得

1．ア、ウ　　　2．ア、エ　　　3．ア、カ　　　4．イ、ウ　　　5．イ、オ　　　6．イ、カ

(3) 小売店の会員カードで蓄積した購買履歴に基づく売場の改善と最も関係の深いものを、1〜4から一つ選びなさい。

> 1．地理的属性　　　2．行動属性　　　3．サイコグラフィック属性　　　4．デモグラフィック属性

(4) セグメンテーションの方法について、以下の4つのうち間違っているものの個数を、一つ選びなさい。
・セグメントの規模（購買力）を把握する必要がある。
・複数のセグメントを同時に狙うことは適切ではない。
・ライバル商品が減るのでセグメントは小さいほど適切である。
・ライバル商品が存在するセグメントに参入してもムダである。

> 0．0個　　　1．1個　　　2．2個　　　3．3個　　　4．4個

2 次のことばにもっとも関係の深いものを、下の1〜5から一つずつ選びなさい。

(5) リーダー企業　　　(6) チャレンジャー企業　　　(7) フォロワー企業

> 1．固定化　　　2．模倣化　　　3．希薄化　　　4．同質化　　　5．差別化

3 右図を見た上で以下の問いに答えなさい。

市場の成長率とその市場内の自社商品のシェアの高低で、右のような図を作成した。これについて以下の問いに答えなさい。

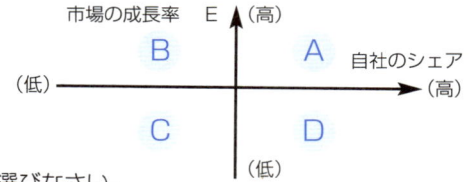

(8) このような図の名称として適切なものを1〜5から一つ選びなさい。

> 1．EDLP　　　2．STP　　　3．SP　　　4．PPM　　　5．R&D

(9) 図のA〜Dの組み合わせとして最も適切なものを、1〜6から一つ選びなさい。

> ア．金のなる木　　イ．負け犬　　ウ．問題児　　エ．花形製品

1．A.ア、B.イ、C.ウ、D.エ　　　2．A.ア、B.ウ、C.イ、D.エ　　　3．A.イ、B.エ、C.ウ、D.ア

4．A.ウ、B.エ、C.ア、D.イ　　　5．A.エ、B.イ、C.ウ、D.ア　　　6．A.エ、B.ウ、C.イ、D.ア

(10) 図のA〜Dのうち、キャッシュを豊富に獲得できるが自らの市場に投資することは避けるべきものを1〜4から一つ選びなさい。

> 1．A　　　2．B　　　3．C　　　4．D

(11) 図のA〜Dのうち、現状は自社の市場での地位は強固ではないが今後の逆転のため活発に投資すべきものを1〜4から一つ選びなさい。

> 1．A　　　2．B　　　3．C　　　4．D

4 市場細分化の方法に関して以下の問いに答えなさい。

　　価格施策のうち、複数商品の価格帯を設定してより上位の価格帯の商品購入を促す価格設定を（ 12 ）といい、本体に加えて部品交換が必要なことを活かした価格設定を（ 13 ）という。また小売業が商品分野ごとに利益率を変えて販売するのは（ 14 ）を活用した価格施策であり、商品価格を変動させず常に同一価格で販売する方法を（ 15 ）という。消費者心理を活用した価格設定には、安かろう悪かろうと思われないための強気の価格設定である（ 16 ）や、ランチであればワンコインのような値ごろ感を活かした価格設定である（ 17 ）がある。

> 1．段階価格　　2．慣習価格　　3．端数価格　　4．威光価格　　5．とりこ価格
> 6．浸透価格　　7．EDLP　　8．マージンミックス　　9．コストプラス法

5 以下の問題文の（　）に入れる単語を問題文の下の 1 〜 9 から選びなさい。

　　メーカーが、卸売業者や小売業者を組織化したり活動を管理したりすることを（ 18 ）という。このうち専属的（排他的）マーケティングチャネルとは、メーカーが卸売業者や小売業者に対して地域や商品ごとに（ 19 ）を認めるもので、具体的な商品分野の例が（ 20 ）である。また開放的マーケティングチャネルのメーカーにとってのメリットは（ 21 ）であるが、デメリットとして（ 22 ）を招きやすい。

> 1．取扱店舗の増加　　　2．取扱店舗の選別　　3．小売プロモーション　　4．加工食品
> 5．自動車　　6．価格競争　　7．価格維持　　　8．流通系列化　　9．独占的販売

6 以下の問題文の（　）に入れる単語を問題文の下の 1 〜 9 から選びなさい。また後の問いに答えなさい。

　　プロモーション活動のうち、新商品情報がニュースや記事で取り上げられるような形態を（ 23 ）という。これは（ 24 ）が高い、掲載内容の決定権を（ 25 ）が有する、といった特徴を有する。また、チラシ広告や大量陳列、懸賞などによって、売上の（ 26 ）上昇を図るものを（ 27 ）という。

> 1．短期的　　2．長期的　　3．主観性　　4．客観性　　5．広告主
> 6．セールスプロモーション　　7．IMC　　8．メディア　　9．パブリシティ

（ 28 ）下線部に限らず、複数の施策を統合的に採用することで行うマーケティング活動をなんというか。
　　　　1 〜 4 から一つ選びなさい。

> 1．STP　　　　2．IMC　　　　3．SP　　　　4．R&D

7 「5 つの競争要因」に関して、以下の問題文の（　）に入れる単語を問題文の下の 1 〜 2 から選びなさい。同じ単語を 2 回以上使ってもよい。また後の問いに答えなさい。

　　ある業界の市場成長率が（ 29 ）場合、他社の売り上げを奪わなくても自社の売り上げが拡大する余地が大きいから、業界全体の収益性は高くなりやすい。また仕入れ先に対する取引依存度が（ 30 ）場合、仕入れ先に対する価格交渉力は高まる。そして、参入障壁が（ 31 ）と、業界の収益性は高まる傾向にある。

> 1．高い　　　　2．低い

（ 32 ）下線部に関して、参入障壁としてふさわしいものの個数を、一つ選びなさい。
・コストに占める固定費の割合がきわめて高い。
・取り扱いに関して免許制度が存在する。
・規模の経済性がはたらく。

> 0．0 個　　　　1．1 個　　　　2．2 個　　　　3．3 個

各章とも、1 ●記述式問題と2 選択式問題について記載しています。3 ●自由研究テーマと8章の各問は応用問題です。皆さん自身で考えてみてください。

第1章

1 記述式　①何らかの基準で市場を細分化するセグメンテーションを行う。
②商品の主な販売対象となる顧客層を絞り込むターゲティングを行う。
③商品のアピールポイントを明確にするポジショニングを行う。

2 選択式　（ウ）商品によってはあえて高価格に設定することもあります（第5章参照）。

第2章

1 記述式　ターゲットとして選んだセグメントに十分な市場規模があることと、ターゲットに向けたアプローチによって実際の売り上げ拡大が見込めること。

2 選択式　（イ）複数のセグメントを対象にすることや競合商品のあるセグメントに後から参入することは有効な場合もあります。また、あまりに市場規模が小さなセグメントだと、十分な売り上げ拡大が期待できません。

第3章

1 記述式　リーダーなど大手企業が参入済みの市場でそれら大手企業と類似商品を販売するため、顧客ニーズがあることが明らかで市場調査や研究開発をするコストも低くて済む。

2 選択式　（ア）③金のなる木
自社の売上シェアが高く競争が安定的なので追加投資の必要性が低い。
（イ）②問題児
市場の成長率が高いのでヒット商品を出せれば売上シェアの急上昇が期待できる。

第4章

1 記述式　①市場成長率が高く販売機会が拡大するので参入企業も急増する。
②市場規模が縮小傾向に転じるので撤退により参入企業数は減少する。

2 選択式　①○　②○　③×　技術がなければ商品を開発することは困難です。④○

第5章

1 記述式　①20,000÷（8−3）=4,000（個）また8×4,000=32,000（万円）
②販売価格をXとすると、20,000÷（X−3）=2,500を解いて、答は11（万円）

2 選択式　①（イ）　②（エ）　③（ウ）　④（ア）
固定費と変動費に利益を上乗せするのはコストプラスの価格設定。

第6章

1 記述式　売上シェアを高めた大手小売企業は、小売市場での上位集中化が進んだことで、取引先であるメーカーへの価格交渉力を強めたから。

2　選択式　（イ）と（エ）が正しいので④が正解。

間接流通は取引回数の削減などによりコスト削減効果もあるから（ア）は誤り。オープン価格は建値制における希望小売価格の撤廃により生じるものでリベートと直接の関係はないから（ウ）も誤り。

第7章

1　記述式　広告もセールスプロモーションもともに有償で人を介しない販売促進であるが、前者は主にマスメディアを使い長期的な売上向上が期待できるのに対し、後者は店舗での大量陳列などにより短期的な売上向上が期待できる。

2　選択式　A－（エ）　B－（イ）　C－（ア）　D－（ウ）
E－（ク）　F－（キ）　G－（カ）　H－（オ）

郵便によるダイレクトメールは、文章や写真を多用した豊富な情報提供が可能な一方、情報の受け手1人当たりに要するコストは郵送料など多額になります。

第9章

1　記述式　A業界3,400、B業界4,200。収益性が低下する可能性の大きい業界：A

2　選択式　（ア）と（ウ）が正しいので②が正解。

新規参入企業が現れると競争が激しくなるので（イ）は誤り。販売先の交渉力が強いと販売価格の引き下げにつながりやすいので（エ）も誤り。

第10章

1　記述式　刺激－反応型では外部の刺激に対して反応する受動的な消費者を仮定しているが、情報処理型では自ら積極的に情報を収集しその内容を評価して購買の意思決定を行う能動的な消費者を仮定している。

2　選択式　（エ）情報処理型の発展形である精緻化見込みモデルによれば、関与と知識がともに高い消費者は中心ルートといわれる論理的な態度形成を行うことが可能である。

第11章

1　記述式　①ネット通販は店舗販売と比較して少額の資金で事業を開始できるし、生産者としての知名度があれば顧客開拓も容易であるから。

②自社商品を流通し販売してくれていた卸売や小売企業との共存関係・信頼関係が、自らが小売ビジネスに参入することで破綻するおそれがあるから。

2　選択式　①C：商品個々の売り上げは小さいがそれを累積すると相当額の売上になるというのは恐竜の長いしっぽにたとえているのでCが正解。

②D：書籍やCDは生鮮食品や衣料品と異なり商品名で商品内容が確定するのでDが正解。

③B：食料品は今日の夕飯や明日の朝食を買いに行くように、買回り品や専門品と比較して購買頻度が高い。よってBが正解。

第12章

1　記述式　サービス業は生産と販売・消費が同時になるので製造業と比較して事前の品質チェックが難しく、生産場所が分散するので品質の均質性を保つことも難しいため、生産に携わる従業員の能力の底上げが不可欠だから。

2　選択式　（ア）⑨　（イ）⑤　（ウ）③　（エ）⑧

第13章

1　記述式　市場の失敗とは、自由競争のもとで資源の効率的配分が達成されるという市場メカニズムを前提として、市場を企業の自由な経済活動に委ねた場合に、社会的な観点からはさまざまな非効率が発生することをいう。

2　選択式　（ア）③　（イ）④　（ウ）⑤　（エ）①　（オ）②

第14章

1　記述式　ソーシャル・マーケティングの特徴は、営利追求を目的とする企業が、獲得した利益の一部を何らかの形で社会に還元することで、市場の失敗という非効率を自ら解消することにある。

2　選択式　（ア）②　（イ）④　（ウ）①
企業の自由な経済活動から生じる非効率は市場の失敗という。

参考文献（文中にあげたものを除く）

上原征彦『マーケティング戦略論　実践パラダイムの再構築』有斐閣、1999年
小川孔輔『マーケティング入門』日本経済新聞社、2009年
恩藏直人、守口剛『セールス・プロモーション　その理論、分析手法、戦略』同文舘、1994年
フィリップ・コトラー、ゲイリー・アームストロング著／恩藏直人監訳、月谷真紀訳
　『コトラーのマーケティング入門（第4版）』ピアソン・エデュケーション、1999年
フィリップ・コトラー、ケビン・レーン・ケラー著／恩藏直人監訳、月谷真紀訳
　『コトラー＆ケラーのマーケティング・マネジメント（第12版）』ピアソン・エデュケーション、2003年
小原博『基礎コース　マーケティング（第3版）』新世社、2011年

1 (1) つくれば売れる市場の成長期にはスケールメリットの追求による製造コストの削減や入手容易性の拡大が成功の鍵で、大量流通・大量広告が効果的だったから。

(2) 市場が成熟し顧客ニーズが多様化した段階では、供給過剰を回避し、競合商品と差別化する必要があるから。

➡ 2 章参照

2 ・フォロワー企業は、市場のリーダーになることを目指さず、上位企業等の模倣をすることで低価格・低コストで一定のシェア確保を目指す。

・ニッチャー企業は、少ない経営資源の集中投入でスキマ市場でのリーダー企業を目指し、トップ企業が同質化できない技術や市場特性をもつ商品で差別化する。

➡ 3 章参照

3 ・商品開発などの新規投資が少なくてすむ。

・撤退企業が増えることで残存者利益が期待できる。

➡ 4 章参照

4 上澄み吸収価格は新商品の発売までに要した初期投資を早期に回収する高価格設定だが、浸透価格は競合商品が追随できない圧倒的な低価格で高いシェアを獲得する。

➡ 5 章参照

5 ・顧客ニーズとのかい離で大手小売店に顧客を奪われた。

・後継者がおらず店舗閉鎖を余議なくされた。

➡ 6 章参照

6 (1) 入手できる情報が増え売り手に対する交渉力が増したが、それらの情報の真偽選択は容易ではない。

(2) 消費者が発信する大量の情報をもとにマーケティング手法が多様化したが、情報移転で交渉力が減少した。

➡11章参照

7 ３つのRとは循環型社会の達成を目指す３つの取り組みで、商品の流通すなわち動脈流通における省資源を目指すリデュース、廃棄商品の流通すなわち静脈流通における不要な商品をその状態で再利用するリユース、商品を再度原料に戻して再生するリサイクルからなる。

➡14章参照

8 A市場のハーフィンダール指数　　3,000
B市場のハーフィンダール指数　　2,800
競争のより激しい市場　　　　　　　B

上位 3 社集中度はともに90％だが、各社のシェアを 2 乗して得られるハーフィンダール指数では、競争状態の違いをより詳細に比較できる。

→ 9 章参照

9	販売数量	8,000÷(6−2)＝2,000	2,000個
	累積売上高	6×2,000＝12,000	1億2千万円

→ 5 章参照

Ⅱ．選択式

1 (1) 1　　(2) 6　　(3) 2　　(4) 3

商品特性や企業規模によって複数のセグメントを対象とすることは十分ありうる。セグメントが小さすぎて十分な売上が期待できないのは問題。ライバルが存在しないセグメントはそもそも少なく、そうしたセグメントでいかに競合と差別化していくかを考えるのがマーケティングである。

→ 2 章参照

2 (5) 4　　(6) 5　　(7) 2

→ 3 章参照

3 (8) 4　　(9) 6　　(10) 4　　(11) 2

自社のシェアの高低の位置が、本文で取り上げた一般的なPPMと逆であることに注意する。

金のなる木で得たキャッシュを競争の激しい花形製品や問題児に投資することが定石である。

→ 3 章参照

4 (12) 1　　(13) 5　　(14) 8　　(15) 7　　(16) 4　　(17) 2

→ 5 章参照

5 (18) 8　　(19) 9　　(20) 5　　(21) 1　　(22) 6

→ 6 章参照

6 (23) 9　　(24) 4　　(25) 8　　(26) 1　　(27) 6　　(28) 2

→ 7 章参照

7 (29) 1　　(30) 2　　(31) 1　　(32) 3

また固定費が高ければ損益分岐点が上昇しやすく、規模の経済性が高ければ売上シェアの高い企業ほど製品価格を引き下げやすいので、市場に参入済みの企業に有利で、新規参入企業には不利となる困難となる。

→ 9 章参照

すべての講義を終えて

これでマーケティングの勉強は終わりですね。
身近な商品や企業を題材に学んだから具体的
で、一通りわかったような気がします。

それはよかった。
でも知識や考え方を定着させるためには、この本や参考図書を繰り
返し読んだり、自分が選んだ商品で8章のようにSTPや4つのPに
当てはめてみたりするとよいと思うよ。
それから各章末に挙げた関連書籍は新書版などコンパクトで平易
なものが多いから、ぜひ手にとって読んでほしい。

マーケティングの理解を深めるには
あとは何を勉強すればいいですか?

マーケティングでは顧客のニーズに対応することが重要だから、
「消費者行動」を学ぶことが大事だね。
それから、優れたマーケティング活動を行うには、当てずっぽうで
はなく緻密な調査や実証分析も不可欠だから、「マーケティング・
リサーチ」や「マーケティング・サイエンス」を学ぶことも大事だ
よ。
マーケティングとの直接の関係は少ないけれども、企業のしくみや
利益を上げるしくみを学ぶ「経営学」や「会計学」の内容も理解し
てほしいな。

まだまだ学ぶことは多いんですね!
でも基本的なことがわかったから、
この先の勉強も楽しみです。

おわりに

　マーケティング分野では、すでにすぐれた教科書がたくさん存在します。それにもかかわらず私がこの『プレステップマーケティング』を執筆したのは、大学入学後はじめて専門科目を学ぶような初学者でも、難しさから途中で投げ出さずに、一冊を読み通すことで満足感を得られるような入門書をまとめてみたいという思いからです。

　そのために本書はマーケティングの全体像をなるべく容易に理解できるよう、読みやすくすることを第一に心がけました。しかしその結果、学習内容を必要最小限にとどめるものとなりました。読者の方々が本書を一読して、「マーケティングがわかった」と感じていただければ筆者として望外の喜びですが、それはわかったつもりに過ぎないことかもしれませんので、ぜひ本書の再読や、文中で紹介した他の文献にもふれて理解を定着していただければと考えております。

　第二の心がけは、この本を大学などでの授業の教科書として採用していただく先生方に対してです。マーケティングを講義なされる先生は、大学や大学院で長年研鑽を積まれた研究者だけでなく、豊富な実務経験を有する企業人、学問と実務双方の視点から事象を分析するシンクタンクのコンサルタントなど、多岐にわたります。ビジネスと授業との勝手の違いに違和感をおぼえ、試験問題の作成に戸惑う先生もいらっしゃるかもしれません。そこで本書では、１ターム15回という一般的な授業回数を意識した章建てと、作問の一助となる課題や試験問題の掲載に留意しました。

　本書の執筆に際してはたくさんの方々の力をいただきました。私の執筆を認めてくださいましたプレステップシリーズの監修者である拓殖大学元総長の渡辺利夫先生に感謝申し上げます。また、執筆の機会を与えてくださいました弘文堂の鯉渕友南社長にも感謝申し上げます。そして、本書をまとめる労をとってくださった弘文堂編集部の外山千尋さんにもお礼申し上げます。

　さらに執筆に際しては、西南学院大学商学部の丸山ゼミナールの学生諸君からも貴重な意見を聞くことができました。心から感謝いたします。

丸山正博

著者● 丸山正博 まるやま まさひろ

西南学院大学商学部教授

1970 年生まれ。一橋大学商学部卒業、同大学院国際企業戦略研究科博士課程修了
（博士：経営法）。三井信託銀行、（財）流通経済研究所、拓殖大学、明治学院大学
を経て、現職

専門はマーケティング、消費者政策、流通政策

著書『インターネット通信販売と消費者政策』弘文堂、2007 年
　　『電子商取引とｅビジネス』八千代出版、2020 年　ほか

プレステップマーケティング〈第 2 版〉

2009（平成21）年 3 月15日	初　版 1 刷発行
2012（平成24）年 8 月15日	新　版 1 刷発行
2022（令和 4 ）年 2 月15日	同　　4 刷発行
2025（令和 7 ）年 4 月15日	第 2 版 1 刷発行

著　者　丸山　正博

発行者　鯉渕　友南

発行所　株式会社　弘文堂　　101 - 0062　東京都千代田区神田駿河台 1 の 7
　　　　　　　　　　　　　　TEL 03（3294）4801　　振 替 00120 - 6 - 53909
　　　　　　　　　　　　　　https://www.koubundou.co.jp

デザイン・イラスト　高嶋良枝

印　刷　三報社印刷

製　本　三報社印刷

ISBN978-4-335-00163-5